JN124823

東南アジアで起業する
ケースから学ぶキャリア開発

JAPANESE ENTREPRENEURSHIP IN SOUTHEAST ASIA:
LEARNING FROM CASES

Kazuko Yokoyama
横山 和子
Sarah Louisa Birchley
セーラ・ルイーザ・バーチュリ［著］

文眞堂

NEPAL
BHUTAN
CHINA
INDIA
BANGLADESH
MYANMAR
LAOS
THAILAND
VIETNAM
CAMBODIA
BRUNEI DARUSSA
MALAYSIA
SINGAPORE
INDONESIA
東南アジア
1:25,000,000
サンソン図法
0
250
500
750
1000km
ROOTS / Copyright©Heibonsha.C.P.C

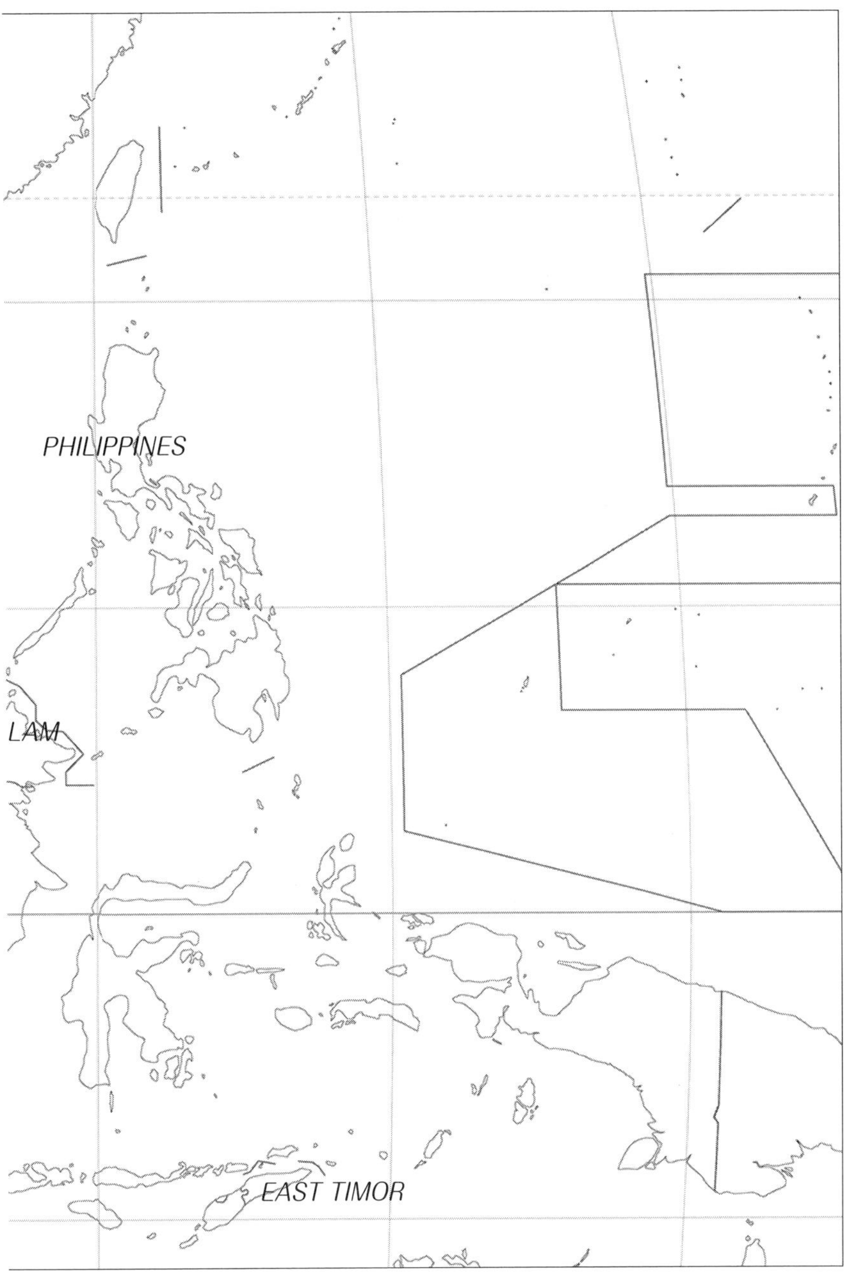
PHILIPPINES
LAM
EAST TIMOR

はじめに

日本人が海洋民族だったことを知っていますか？　現在，私たちは海外に行く際に航空機を利用しています。しかし，歴史を振り返ると日本民族は海を渡り，東南アジアにまで活動を広げていました。江戸時代には，海流に乗りアジア各地と朱印船貿易を展開しています。タイのアユタヤに日本人町があり多くの日本人が交易を行っていたことは，中学の社会の授業で学んだことと思います。日本人は海外に積極的にビジネスチャンスを求める国民なのです。

1868 年に開国し明治時代に入ると，日本は西欧諸国に追いつくために脱亜入欧政策を採ります。日清戦争，日露戦争，第 1 次世界大戦，第 2 次世界大戦においてアジア諸国は戦場であり，常に領土拡大の対象でした。第 2 次世界大戦の敗戦，その後の経済復興を経て日本は経済大国になりました。この間，日本のビジネスパートナーは常に欧米でした。日本の主要産業が自動車産業であり，主な輸出国が米国やヨーロッパであることからも明らかです。

21 世紀に入ると先進国で少子高齢化が進行し，日本の経済成長は鈍化します。それとは対照的に，第 2 次世界大戦後に植民地から脱し独立したアジアの多くの国々は高い経済成長を遂げるようになりました。当初，日本の大企業や先進国の多国籍企業は，低賃金の労働者が豊富なアジアの国々を生産市場とみなしていましたが，次第に経済成長が目覚ましいことに注目し，アジア諸国を欧米市場に代わる新しい消費市場と考えるようになりました。

このテキストの大きな目的は，グローバル化が進み，かつ不確実な要素の多い現代社会を生き抜くために，学生が調べ，考える力を強化するトレーニングを行うことです。トレーニング教材を東南アジアで働く起業家研究と位置づけました。学生がトレーニングを通じて起業家のマインドセットや問題解決能力を身につけることをねらっています。

第 1 章・第 2 章では，社会を取りまく雇用環境の変化や東南アジアの経済発展について学習します。第 3 章～第 9 章では東南アジア 7 カ国で会社を起業した日本人経営者20名へのインタビュー記録を基に学習します。掲載されているインタビューは筆者がコロナ禍前の2014年から2019年までの期間に現地を訪問し，本人に対面でインタビューを行ったもので，インタビューの内容はその当時のものです。学生は章中に組み込まれている問題，および章末の演習問題に取り組むことにより，各国の概要，市場環境，求められる仕事能力等をステップ・バイ・ステップで学ぶことができます。第10章から第12章はキャリア計画，起業準備，起業計画書の作成です。すべての学生が起業家を目指すわけではありませんが，学生が主体的に考え，分析できる力の育成を目指しています。

本書は大学の半期科目の大人数の講義科目でのテキストとして作成されていますが，少人数のゼミ科目，グループワークでも使用できます。英語版テキストは少人数のゼミやグループワーク用に構成されています。それゆえ，質問内容等が本書と多少異なることを明記しておきます。講義では第1章から順序立てて教えることもできますが，第3章のケース学習から始め，学生に親しみを持ってもらってから第1章に戻ることもできます。

本書は科学研究助成事業，基盤研究（C）（一般）（JSPS科研費17K03948）の研究成果の一部としてSpringer社から2018年に出版された*Transnational Entrepreneurship in South East Asia-Japanese Self-Initiated Expatriate Entrepreneurs*（ISBN978-981-32-9251-2），およびぺりかん社から2017年に出版された『東南アジアで働く』（ISBN978-4-8315-1490-5）の調査研究に基づいています。第3章から第9章に紹介した日本人起業家は，本書の目的を理解しインタビュー記録の掲載に快諾してくれました。改めて感謝申し上げます。

最後に，本書を学習する学生が時代の変化を感じ取り，一人でも多くの学生が自身のキャリア計画を立て，主体的に生きる一助になることを期待します。

横山 和子
Sarah Louisa Birchley

目　次

はじめに …… i

第1章　日本型雇用システムから成果主義型雇用システムへ　1

1．はじめに …… 1
2．グローバル時代とグローバル人材 …… 1
3．「日本型」雇用システムと「成果主義型」雇用システム …… 2
4．「日本型」雇用システムから「成果主義型」雇用システムへの転換 … 3
5．キャリア計画が必要になった理由 …… 5
6．キャリアとは何なのか？ …… 5
7．多国籍企業の発展形態 …… 6
8．ダイバーシティ・マネジメント …… 7
9．まとめ …… 9

第2章　経済発展を続ける東南アジア　11

1．新興国とは？ …… 11
2．東南アジアの新興国 …… 12
3．ベース・オブ・経済ピラミッド層（BOP 層） …… 14
4．新興国でのニーズ：変化する市場 …… 14
5．中間層の出現 …… 15
6．日本企業のアジアへの進出 …… 16
7．アジアで成長するサービス産業 …… 17
8．まとめ …… 17

第3章　中　　国　21

Section A: 中国について学習しよう！ …… 22

Section B: 中国・上海で活躍する起業家を学習しよう！ …………………… 23
ケース1　鳥本健太さん　23
ケース2　分部悠介さん　26
ケース3　堀　　眞さん　30
Section C: 学習を深めるタスクにチャレンジしよう！ …………………… 33

第4章　タ　イ　35

Section A: タイについて学習しよう！ …………………………………… 36
Section B: タイで活躍する起業家を学習しよう！ ………………………… 37
ケース1　栗原宏美さん　37
ケース2　上野圭司さん　40
ケース3　阿部俊之さん　44
Section C: 学習を深めるタスクにチャレンジしよう！ …………………… 48

第5章　インドネシア　49

Section A: インドネシアについて学習しよう！ ……………………………… 50
Section B: インドネシアで活躍する起業家を学習しよう！ ………………… 51
ケース1　竹谷恵美さん　51
ケース2　竹谷大世さん　55
ケース3　三好辰也さん　58
Section C: 学習を深めるタスクにチャレンジしよう！ …………………… 61

第6章　フィリピン　63

Section A: フィリピンについて学習しよう！ ………………………………… 64
Section B: フィリピンで活躍する起業家を学習しよう！ …………………… 65
ケース1　鈴木廣政さん　65
Section C: 学習を深めるタスクにチャレンジしよう！ …………………… 68

第7章　ベトナム　71

Section A: ベトナムについて学習しよう！ …………………………………… 72

Section B: ベトナムで活躍する起業家を学習しよう！ …… 73
ケース１　掛谷知秀さん　73
ケース２　勝　恵美さん　75
ケース３　菊池秀徳さん　78
Section C: 学習を深めるタスクにチャレンジしよう！ …… 82

第８章　カンボジア　83

Section A: カンボジアについて学習しよう！ …… 84
Section B: カンボジアで活躍する起業家を学習しよう！ …… 86
ケース１　温井和佳奈さん　86
ケース２　磯部正広さん　89
ケース３　奥田知宏さん　93
ケース４　奥田真理子さん　96
Section C: 学習を深めるタスクにチャレンジしよう！ …… 99

第９章　ミャンマー　101

Section A: ミャンマーについて学習しよう！ …… 102
Section B: ミャンマーで活躍する起業家を学習しよう！ …… 103
ケース１　芳賀啓介さん　103
ケース２　谷　恭子さん　107
ケース３　岩谷裕一さん　110
Section C: 学習を深めるタスクにチャレンジしよう！ …… 113

第 10 章　キャリア計画：自分の人生をデザインする　115

１．ライフステージを考えよう …… 115
２．働く自分をイメージしよう …… 117
３．10 代から 20 代中盤は人生の探索期 …… 117
４．起業家の特性や資質とは？ …… 118
５．キャリア計画 …… 123
６．まとめ …… 124

第11章　起業準備　127

1．働きたい国の情報を入手：ネットワーキング ………………………… 127
2．国ごとに異なる制約 ……………………………………………………… 128
3．PESTLE（ペストル）分析（起業する国の選択・分析）……………… 128
4．国ごとに異なるビジネスニーズ ………………………………………… 130
5．SWOT 分析（新規事業の分析）………………………………………… 130
6．開業資金 …………………………………………………………………… 132
7．投資家との関係……………………………………………………………… 133
8．生活と収入―日本と異なる貨幣価値 …………………………………… 133
9．高い満足度 ………………………………………………………………… 134
10．留意事項……………………………………………………………………… 134
11．これからのアジア―共存共栄 …………………………………………… 135
12．まとめ ……………………………………………………………………… 136

第12章　起業計画書の作成：レポート作成　139

おわりに ……………………………………………………………………………… 141

第1章

日本型雇用システムから成果主義型雇用システムへ

1．はじめに

IT（情報技術）革命の進展により世界経済のグローバル化は加速しています。同時にアジアの新興国のめざましい経済成長により，経済活動の中心が欧米からアジアの新興国にシフトしています。

この章では，日本企業が日本型雇用システムから世界の主流である成果型雇用システムに移行している背景を学習します。

2．グローバル時代とグローバル人材

インターネットを中心とするネット社会の創設により，世界は「グローバル社会」と呼ばれる新しい世界を作り上げ，インターネット上のコミュニケーション言語は英語が主流になっています。ビジネスがグローバル化する中，グローバル人材を能力と役割の両面から「グローバル事業のドライバーエンジンとなる人材」[1] ととらえるようになりました。

日本のグローバル社会への対応は，海外をマーケットとする企業を中心に行われており，その取り組みは現在進行中です。例えば，積極的なグローバル戦略を取るユニクロ（ファーストリテイリング）や楽天は英語を社内の公用語としていることは良く知られています。また，日本を代表するメーカーの日立は2012年以降に入社する社員に対し事務系は全員，技術系も半数は将来は海外に赴任することを前提に採用しています。資生堂，三井物産，富士フイルム等も有能な人材を世界レベルで活用するために，世界統一人事制度を導入してい

ます。グローバル企業を目指す日本企業は人材および職場のグローバル化に積極的に取り組んでいます。

3．「日本型」雇用システムと「成果主義型」雇用システム

第２次世界大戦後，日本企業は長期雇用，年功賃金，企業別組合を柱とする日本独自の雇用慣行を採用しました。企業は，自社の長期的経営戦略のもとに，学校教育を終えた新卒学生を一括して採用（新卒一括採用）し，個々の潜在能力に応じ企業に必要な人材として育成してきました。企業が新規一括採用した人材を定年退職時までの雇用を保障する，この日本特有の雇用慣行は「日本型」雇用システムと呼ばれています。

「日本型」雇用システムの下では，採用選考時に基礎学力と潜在能力の有無が重視され，大学（学校）での学部や専門分野での学習内容が問われることは少ないという特徴があります。昇進審査に際しても，業績だけではなく，人柄や年齢という属人的要素が大きく考慮されます。企業で新たな分野の人材が必要になった場合には，社内で必要な人材を育成し，外部市場から中途採用する取り組みは導入されていますが，大企業ではいまだに多くはありません。

第２次世界大戦後の高度成長期は必要な人材を確保することは難しかった時代であり，上記の「日本型」雇用システムは，コストはかかりますが企業にとっては合理的方法でした。しかし，1990 年以降バブル経済が崩壊し国際競争が激化する中で，日本の大企業は人材の活用方法を「日本型」雇用システムから「成果主義型」雇用システムへと転換しました。

では，欧米の企業はどのように，人材を採用しているのでしょうか。欧米企業の人的資源管理の基本は職（ポスト）です。補充は職種別の公募で，必要な職務を遂行できる最適の人材を外部市場から採用するのが一般的です。応募に際しては，公募分野での専門教育や関連分野での職務経験を有することが要件となります。新卒者は，応募時に関連する職務経験がないことからそれほど高く評価されません。また，「成果主義型」雇用システムの下では，雇用は契約に基づき一般に期間の定めがあり，雇用の継続が保障される訳ではありません。

4.「日本型」雇用システムから「成果主義型」雇用システムへの転換

1989年のソ連崩壊による冷戦の終焉を契機に，自由貿易への動きも加速し，日本企業の経営環境は大きく変化しました。1990年以降のバブル経済崩壊で景気の長期低迷も加わり，従来の日本的雇用慣行に基づく「日本型」雇用システムは企業の競争力を阻害する要因と指摘されました。結果として，日本の大企業を中心に，高コスト（長期雇用，教育投資，社会保険等）の「正規社員」の雇用は最小限にとどめ，低コスト（長期雇用・年功賃金が適応されない）の「非正規労働者」を増やす方向に転換しました。こうした流れは，経済のグローバル化が進み，産業構造も変化していく中，日本企業の人材活用のあり方の見直しが迫られた結果でもありました。

日本経営者団体連盟（現日本経団連）が1995年に上記の雇用方針の転換を推進させた報告書として『新時代の「日本的経営」―挑戦すべき方向とその具体策―』があります。日経連は同報告書で「雇用ポートフォリオモデル」を提唱し，企業が生きるためには従来の「正社員」を中心とした雇用管理を見直し，「非正規労働者」を積極的に活用する必要性を唱えました。企業が経営環境の変化を踏まえて「厳しい企業競争が続くなか，企業にとって人材の育成と業務の効率化を図りつつ，仕事，人，コストを最も適切に組み合わせた企業経営」を実現する必要性があると主張したのです。具体的には，人員の調整が困難で，高コストの「正規社員」は，企業の中核となる「コア人材」の一部にとどめ，有期雇用や派遣労働者等の「外部人材」を積極的に取り入れ，労働力の「弾力性」を高め，人件費の節約，コスト削減を実現する雇用戦略の転換を推奨したのです。雇用ポートフォリオを構成する3つのグループは次の通りです。

① 「長期蓄積能力活用型」:「企業が従来の長期継続雇用という考え方に立って，企業としても働いてほしい，従業員として働きたいという（雇用期間の定めのない）グループ」で，従来の正規基幹職員が対象となり

ます。

② 「高度専門能力活用型」:「企業の抱える課題解決に，専門的熟練・能力をもって応える必ずしも長期雇用を前提としない（雇用期間の定めのある）グループ」で，このグループは，契約社員として中途採用市場から適切な人材を補充します。

③ 「雇用柔軟型」:「職務に応じて定型的業務から専門的業務を遂行できる人まで様々で，従業員も余暇活用型から専門的能力の活用型まで様々な雇用形態（雇用期間の定めのある）グループ」で，派遣労働者やアルバイト等の労働者が対象となります。

上記の3つの雇用ポートフォリオモデルが発表された1990年代後半から，大企業を中心に日本の企業は，グローバル競争の激しい環境の中で，欧米で主流の「成果主義型」雇用システムを採用するようになりました。

雇用ポートフォリオモデルが現在，どのように運用されているかを概観しましょう。図表1-1から分かるように，「日本型」雇用システム（長期蓄積能力活用型）は全体の60%を占め，高度専門能力活用型である非正規雇用者（契約社員）は4%に過ぎません。パートアルバイト労働者，派遣労働者等を含めた雇用柔軟型の非正規雇用者は36%です。

図表1-1　雇用ポートフォリオの現況

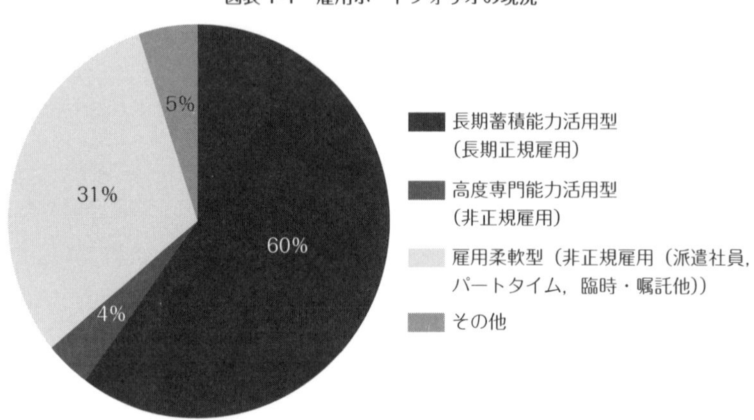

出所：総務省統計局 e-Stat（GL08020101）「就業形態の多様化に関する総合実態調査平成26年」表2：性，産業・事業規模，就業形態別労働者割合から作成。

日本経団連は３つの型の雇用ポートフォリオを提唱し，欧米型の成果主義を基調とする労働市場への転換を図りました。しかし，現実には労働市場は長期能力蓄積型と雇用柔軟型に二分されており，高度専門能力活用型の人材市場は育っていないという問題があります。加えて，「雇用柔軟型」から「長期蓄積能力活用型」や「高度専門能力活用型」への転換が進んでおらず，「雇用柔軟型」に留まる若年者の非正規雇用問題は大きな社会問題になっています。

5．キャリア計画が必要になった理由

日本では著名企業に就職し，定年退職時まで同じ会社で安定した人生を送るのが良い生き方と考えられてきました。日本企業は「日本型」雇用システムの下で，正規従業員に定年までの雇用を保障する一方で，人事部が組織の長期戦略に基づき従業員の配置管理，昇進管理を一元的に行ってきました。結果として，従業員は雇用保障と引き換えに自分たちの職業人生を，所属する組織の人事政策に委ねてきました。

前述したように，日本企業は「日本型」雇用システムから「成果主義型」雇用システムへと転換を図ったことから，企業はすべての従業員の雇用を保障する必要がなくなりました。また，ほぼ同時期に，米国で広く定着している「キャリア計画」の考えが日本の学校教育に導入され，自分の職業人生は自分が責任を負うという考えも広く定着するようになりました。加えて，個人の側でも「自分の人生は自分で決めたい」あるいは「直接，社会の役に立つ仕事がしたい」など多様な生き方を志望する若者が増えてきました。

6．キャリアとは何なのか？

キャリアという言葉は日本でも米国でも広く使われています。キャリアに関する研究は米国で100年ほど前に始まりました。キャリア研究分野の第一人者であるスーパー（D. H. Super）はキャリアを「生涯においてある個人が果たす一連の役割およびその役割の組み合わせである」と定義しました。キャリアは狭義では「職業，職務，職位，履歴，進路」を表すと考えられますが，広義

ではシャイン（E. H. Schein）が定義した「生涯・個人の人生とその生き方そのものと，その表現のしかた」が広く知られています。

20世紀中盤になるとスーパーが人生を5つの発達段階（成長段階，探索段階，確立段階，維持段階，下向段階）に分け，個人の職業的発達課題は各ライフステージにおいて異なるというライフステージ論を提唱しました。スーパーは，人生の段階ごとに異なる課題に取り組むことを通し人間的な成長を遂げると主張したのです。特に16〜25歳の探索段階は，職業についての希望を形作り，実践を始める段階であり，実践を通じ，試行錯誤を行いながら自分の生涯にわたる職業を見つける重要な時期と位置付けたのです。スーパーのライフステージ論については第10章の「キャリア計画」で詳しく説明します。

他方，組織心理学の研究者であるシャインは，キャリアを「人の一生を通じての仕事」，「生涯を通じての人間の生き方，その表現のしかた」であるとし，「キャリアアンカー（Career Anchor）」の概念を提唱しました。シャインは「キャリアアンカー」を「個人のキャリアのあり方を導き，方向付ける錨（いかり），キャリアの諸決定を組織化し，決定する自己概念」すなわち，長期的な職業生活においての「拠り所となるもの」と定義しました。さらにシャインはキャリア形成において，良き指導者，助言者を意味する「メンター（Mentor）」の役割と重要性を指摘しました。

日本の民間企業が「日本型」雇用システムから「成果主義型」雇用システムに転換を図った結果，企業はすべての従業員の長期雇用を保障する必要がなくなりました。個人の職業上の責任は本人が負わなければならなくなったのです。この変化に呼応するように，日本でキャリア開発に関する研究が注目されるようになりました。

7．多国籍企業の発展形態

国際経営の分野でパールミュッター（H. V. Perlmutter）[2]は1969年に企業の多国籍化のレベルを，1）本国志向型（Ethnocentric），2）現地志向型（Polycentric），3）世界志向型（Geocentric）の3つに分類しました。パールミュッターの唱えた多国籍企業発展論は国際経営研究の基本概念として広く知られています。

多国籍企業の本国志向型（Ethnocentric）の組織では，本国人は優秀であり信頼できるが，現地組織に働く外国人職員は意欲に乏しく信頼できないと考えます。米国や日本の企業の多くは本国志向型に属します。

2番目の現地志向型（Polycentric）の組織は，現地の事情は現地の人間が最もよく知っていると考え，子会社の経営は現地人に任せたほうが良いという考えに立ちます。利益が上がっている限り，本社は子会社の経営にほとんど干渉しません。ヨーロッパの企業の多くは現地志向型です。

パールミュッターは究極の多国籍化は世界志向型（Geocentric）であると提唱しました。世界志向型の企業は国籍の如何を問わず，最適の人材を適材適所に配置します。本社や子会社を問わず，人材が必要な場合，現地のニーズに合致する人材の獲得を行うのです。世界がグローバル化する中で多くの多国籍企業は世界志向型の人材管理を行っています。日本企業が世界で戦える人材を育成しようと考える場合，パールミュッターの唱える世界志向型の人材育成を考える必要があります。

8．ダイバーシティ・マネジメント

ダイバーシティ（Diversity）とは「多様性」を意味し，人種，国籍，性別，年齢等にとらわれない人材活用の考えです。経営学においてダイバーシティ・マネジメント（Diversity Management）は，新しい研究分野で，1990年代に米国で人材戦略としてとらえられるようになりました。

企業活動がグローバル化し，社会が複雑化するなかで，たとえば米国IBMなどがダイバーシティを推進した理由は，多様な人材の能力を活用して，パフォーマンスの高い，より利益の上がる強い企業を作るためでした。

一方，日本でダイバーシティ・マネジメントの分野で最もよく議論されるのは「女性の活用」です。「女性の活用」を推進させるために，政府は「男女雇用機会均等法」等の法律を施行し，男女の雇用均等を実現させようと努力しています。しかし，他の先進諸国と比較すると日本の民間企業での女性の活用は進んでいません。

図表 1-2　性，学歴，役職別一般労働者数および構成比（企業規模 100 人以上）

	役職者				非役職者	労働者計
	係長以上	部長級	課長級	係長級		
女性 大学・大学院	122,640 (8.2%)	13,750 (4.5%)	41,460 (6.0%)	67,430 (13.5%)	1,281,930 (31.0%)	1,404,570 (25.0%)
男性 大学・大学院	1,366,100 (91.8%)	290,370 (95.5%)	644,550 (94.0%)	431,180 (86.5%)	2,849,340 (69.0%)	4,215,440 (75.0%)
女性・男性 大学・大学院	1,488,740 (100%)	304,120 (100%)	686,010 (100%)	498,610 (100%)	4,131,270 (100%)	5,620,010 (100%)

注：1.「雇用期間の定めなし」」の労働者の集計である。
　　2.（　）内は労働者計に対する割合。
出所：厚生労働省「賃金構造基本統計調査」（平成 28 年）から筆者作成。

図表 1-2 に示した厚生労働省が平成 28 年（2016 年）に行った賃金構造基本統計調査によると，従業員が 100 人以上の企業で，係長以上の役職に就いている女性割合は 8.2%にすぎません。日本企業における女性比率は改善されてはいますが，筆者が勤務した「成果主義」雇用システムの国際機関では大卒以上の学歴を持つ女性職員の割合は 45%[3] でした。もちろん両者の統計を単純に比較することはできませんが，日本の職場で女性の活用が進んでいないことは明らかです。部長職以上に着目しても，日本で部長職以上の女性割合は図表 1-2 から分かるように 4.5%に過ぎません，他方，国際機関に働く部長職以上の女性職員の割合は 41%[4] です。なお，国際機関は公機関であり民間企業と比較することは無理があると言うこともできますが，日本の企業で女性の活用が遅れていることは確かです。

日本では 4 年制大学卒業女性の一部を「総合職」に採用する民間企業があります。しかしながら，平成 26 年にコース別雇用管理制度を導入している企業 118 社を訪問し行った厚生労働省の調査[5] によると，総合職採用予定者に占める女性の割合は 22.2%に過ぎません。

さらに，日本では働く女性の 8 割以上が育児休業を取得しているものの，働く女性が第 1 子を出産した後に継続就業している割合は 4 割程度[6] に過ぎず，残りの女性は出産を機に退職しています。女性が長期に就業できる環境を整備するという大きな問題は依然，解決されていません。

整理すると，企業活動がグローバル化し，社会が複雑になる中，特に米国企業はダイバーシティを推進した企業戦略が取られ，パフォーマンスの高い，より高い利益を生み出す組織づくりに積極的です。日本ではダイバーシティ・マネジメントの観点から，政府はさまざまな施策を講じていますが効果を上げておらず，女性の活用が遅れています。

9．まとめ

第1章では，日本型雇用システムから世界で主流である成果型雇用システムに移行している背景を学習しました。

日本企業は，新卒学生を一括採用した後，配置転換を繰り返しながら人材の能力育成を行っています。しかし，社会が急速に変化し，日本企業が世界中の企業と競わなければならない中，多くの日本企業が成果主義型雇用システムを採用するようになってきています。21世紀の社会を担う皆さんは，海外の人材と競合できる成果主義型の能力が求められているのです。

次の第2章では，経済成長が著しい東南アジアとその市場の将来性について学習します。

演習問題

【タスク1】 日本型雇用システムと成果型雇用システムを比較し，それぞれの特徴を説明してください。

【タスク2】 なぜ日本度ダイバーシティ・マネジメントが重要なのか例を挙げ説明してください。

【タスク3】 あなたが描く夢や将来の職業生活（キャリア）について語ってください。

【注】

1 土田昭夫・他（2011）『世界で勝ち抜くためのグローバル人材の育成と活用』中央経済社。

2 Perlmutter, H. V. (1969), "The Tortuous Evolution of the Multinational Corporation," *The Colombia Journal of World Business.*

3 United Nations System Chief Executives Board for Coordination PERSONNEL

STATISTICS Data as at 31 December 2018 CEB/2019/HLCM/HR/17 より作成。横山和子（2020）『国際公務員になるには』ぺりかん社，80 頁。

4　同上。

5　厚生労働省（https://www.mhlw.go.jp/stf/houdou/0000101661.html，2021 年 6 月 20 日検索）。

6　内閣府男女共同参画局「「第１子出産前後の女性の継続就業率」及び出産・育児と女性の就業状況について」資料１頁。なお，子供の出生年が 2010～2014 年である女性の継続就業率は 53.1％に上昇している（http://wwwa.cao.go.jp/wlb/government/top/hyouka/k_45/pdf/s1.pdf，2021 年 6 月 21 日検索）。

【参考文献】

石田英夫（1997）『日本企業の国際人事管理』日本労働研究機構。

クラム，C.（2003）『メンタリング』白桃書房。

小池和男（2008）『海外日本企業の人材形成』東洋経済新報社。

佐藤博樹（2004）『変わる働き方とキャリア・デザイン』勁草書房。

シャイン，E. H.（1991）『キャリア・ダイナミックス』白桃書房。

フリードマン，T.（2006）『フラット化する世界（上・下）』日本経済新聞社。

マーサジャパン（2008）『個を生かすダイバーシティ戦略』ファーストプレス。

横山和子（2020）『国際公務員になるには』ぺりかん社。

横山和子（2017）『東南アジアで働く』ぺりかん社。

Bartlet, C. and S. Ghoshal (1989), *Managing Across Borders: The Transnational Solution*, Harvard Business School Press.

第2章
経済発展を続ける東南アジア

第2章では高い経済成長を続けている東南アジアの新興国について概観し，なぜ新興国市場が日本企業にとって重要なのかを学習します。

1．新興国とは？

最近新興国という言葉を耳にすることがあると思います。新興国[1]という用語は，一般に第2次世界大戦後に植民地であった国が独立し，近年高い経済成長を遂げている国と定義されていますが，明確な定義がありません。先進国以外の国を新興国と呼ぶこともあります。

すこし歴史を紐解くと，日本企業の新興国，開発途上国への関心はそれほど高いものではありませんでした。日本企業は，1985年のプラザ合意後の円高に対応するために，日本ブランドの製品を労働賃金の低い中国，東南アジアで製造し，欧米先進国を中心に販売していました。しかし，2007年にアメリカで起こったサブプライム・ローン問題を契機に，世界金融不況が起こり，欧米先進国の経済は不況が続き，景気が停滞しました。その頃から，日本だけでなく，他の先進国も新興国を新しい市場として注目するようになりました。新興国の発展が引き続きめざましいことから，世界の大企業が新興国市場に本気で目を向けるようになりました。

BRICSとは？

BRICSという言葉を聞いたことがあると思います。BRICSは，ブリックスと呼ばれ，BRICS，あるいはBRICsと表記されます。本書ではBRICSを使用します。

一般に，BRICSは第2次世界大戦前にはイギリスやフランスなどの列強諸国の植民地であったが，戦後独立し高い経済成長を遂げている国々を表します。BRICSはブラジル（Brazil），ロシア（Russia），インド（India），中国（China），南アフリカ（South Africa）の頭文字をとったもので，広く新興国の代表国を表す略語として知られています。BRICSの国々は人口，経済規模はともに大きいという特徴もあります。本テキストでは，BRICSの国々を学習対象とせず，日本となじみの深い東南アジアの新興国を対象とします。

2．東南アジアの新興国

東南アジアとは一般に，ミャンマー，タイ，カンボジア，ラオス，ベトナム，マレーシア，シンガポール，インドネシア，東ティモール，ブルネイ，フィリピンの11カ国で構成されています。本書ではアジアの大国である中国に加え，新興国であるタイ，ベトナム，インドネシア，フィリピン，カンボジア，ミャンマーで働く日本人起業家を東南アジアのケースとして第3章から第9章で学習します。

最初にアジアの新興国における国民の購買力の指標となる一人当たりの

図表2-1　東南アジアの新興国の一人当たりのGDPの推移（2000年，2010年，2019年）

国名	1人当たりのGDP（USドル）			増加（倍）*
	2000年	2010年	2019年	
マレーシア	4,044	9,041	11,414	2.8倍
中国	959	4,551	10,217	10.7倍
タイ	2,007	5,076	7,807	3.9倍
インドネシア	780	3,122	4,136	5.3倍
フィリピン	1,073	2,218	3,485	3.2倍
ラオス	325	1,141	2,534	7.8倍
ベトナム	390	1,318	2,715	7.0倍
インド	443	1,357	2,100	4.7倍
カンボジア	303	786	1,643	5.4倍
ミャンマー	191	979	1,408	7.4倍
シンガポール	23,852	47,237	65,233	2.7倍
日本	38,532	44,508	40,247	1.0倍
韓国	12,257	23,087	31,846	2.6倍

* 2000年から2019年の増加。
出所：World Development Indicators（2019）より作成。

GDP の推移を図表 2-1 から概観しましょう。一人当たりの GDP とはその国の GDP（Gross National Product，国民総生産）を人口で割ったもので，公平に分配されると仮定すると国民の豊かさを表す指標になります。データは世界銀行刊行のデータベース World Development Indicators を使用しました。数値は本書を執筆した 2021 年 6 月現在で最新の 2019 年末のデータを使用しました。

図表 2-1 は，アジアの新興国における一人当たりの GDP が 2000 年から 2019 年までの約 20 年でどれだけ増加したかの推移を表したものです。図表 2-1 から金額ベースでみると一人当たりの GDP はマレーシアが最も高く，次に中国，タイが続いています。新興国で一人当たりの GDP，言い換えれば購買力が大きく増加しています。中でも，中国の経済成長が約 20 年間で 10 倍以上に増加しています。一人当たりの GDP 額の低いラオス，ベトナム，ミャンマーなどの国々においても経済成長の伸びが大きく，近い将来これらの国々で高い消費を見込むことができます。

新興国において一人当たりの GNP が上昇し，国民の購買力が高まると，後述する「中間層」と呼ばれる可処分所得の高い人々が増加します。言い方を換えれば，アジアの新興国は生産市場だけでなく，消費市場として大きな成長が

図表 2-2　アジアの新興国の面積と人口

国名	面積（千 km2）	人口（百万人）
中国	9,597	1,398
インド	3,287	1,366
インドネシア	1,905	271
タイ	513	70
マレーシア	330	32
ベトナム	331	96
フィリピン	300	108
ミャンマー	677	54
カンボジア	181	16
ラオス	237	7
日本	378	126
韓国	100	52
シンガポール	0.7	5.7

出所：IMF World Economic Outlook Databases, the World Bank Development Indicators (2019) より作成。

見込まれているのです。

3．ベース・オブ・経済ピラミッド層（BOP層）

BOP層という言葉を知っていますか？　BOP層とはBase of the Economic Pyramidの略語です。定義はさまざまですが，一般に一人当たりの年間所得が3,000ドル以下の階層を意味します。

BOP層に属する人口は約40億人で，世界人口の70%を占めると言われています。BOP層を要約すると，世界の人口の過半数を占める40億人の低所得消費者層を指すのです。

BOP層は新興国が経済成長を遂げた後の，次の新しい市場と考えられています。しかしながら，これらの国には低い所得水準を起因とする貧困，不十分な生活基盤・社会基盤などを原因とする衛生面の問題などの社会課題も存在しています。

日本企業の中で，例えばファーストリテイリング社（ユニクロを展開）はBOP層での市場開拓のため，現在バングラデシュにグラミンユニクロ社を立ち上げ積極的に店舗展開を行っています。

4．新興国でのニーズ：変化する市場

この節では，アジアを消費面から考察します。

私たちが暮らす日本では人口減少の影響で2000年以降，学習塾や予備校の数が減少するなどサービス産業が縮小するという現象が起こっています。また，社会が成熟する中で，日本人は気に入ったモノしか購入しなくなり，消費が全体に落ち込んでいます。一方，同じアジアでもシンガポールは一人当たりのGNPの増加に伴い，消費は活発ですが人口規模は小さく，消費市場の規模が大きく拡大する環境にはありません。

図表2-3はアジアの新興国における家計所得層の割合の推移を示しています。新興国において経済成長に伴いエンゲル係数（家計消費支出に占める食費の割合）が低下し，家計が支出する内容に変化が起きているのです。人々は

図表 2-3　アジアの新興国における家計所得層の割合推移

家計所得層	1995 年	（日本）	2000 年	（日本）	2005 年	（日本）	2010 年	（日本）
US$1,000 以上	64%	100%	78%	100%	90%	100%	97%	100%
US$5,000 以上	4%	100%	3%	100%	5%	100%	58%	100%
US$15,000 以上	0%	100%	0%	99%	1%	100%	13%	97%
US$35,000 以上	0%	97%	0%	92%	0%	90%	3%	81%
US$55,000 以上	0%	79%	0%	59%	0%	53%	2%	60%

注：対象国はマレーシア，中国，タイ，インドネシア，フィリピン，ベトナム，インド。ラオス，ミャンマー，カンボジアのデータは入手不能。
出所：World Consumer Lifestyles Databook 2007, 2013, Euromonitor International from National Statistical Office/UN『世界国勢図会』2007-2008 年度版，2013-2014 年度版より作成。なお，2013 年度以降のデータは入手不能。

所得が増え基礎的な消費需要が満たされると，選択的な消費にお金を使うようになります。例えば，所得が少ない時には，食料などの必需品への支出が大きいのですが，所得が上昇すると必需品への支出が大幅に減少し，バイクや自動車，あるいは携帯電話の通信費などへの支出を拡大させます。アジアの新興国の多くでは成長のスパイラルに入っています。経済が成長するに伴い，人々の雇用が増大し，賃金が上昇し，可処分所得が増加するのです。

5．中間層の出現

次にアジアで所得階層別所帯がどのように変化しているか学習してみましょう。

一般的に，一家の所得が 10 万ドル以上であれば「富裕層」，45,000 ドル以上 100,000 ドル未満を「高所得層」，5,000 ドル以上 45,000 ドル未満を「中間層」，5,000 ドル未満を「低所得層」と分類されています。

図表 2-4 からアジアの新興国で年間所得が 5,000 ドルから 45,000 ドルの中間層が出現していることが分かります。その中でも年間所得が 5,000 ドルから 15,000 ドル未満の下位中間層の伸びが顕著です。また，低所得者層の中でも，中位，下位層が減少し，上位層の割合が拡大しています。

この章で紹介したさまざまなデータから先進国にとって労働賃金の低い生産市場とみなしてきた新興国が利益を稼ぎ出す消費市場として見込まれるようになったことが分かります。

図表 2-4　アジアの所得階層別世帯分布（単位：%）

			1995 年	2001 年	2008 年
下位	低所得層	1,000 ドル未満	29.1	20.1	7.5
中位		1,000 ドル以上 2,500 ドル未満	44.4	49.0	25.0
上位		2,500 ドル以上 5,000 ドル未満	11.1	15.4	30.6
下位	中間層	5,000 ドル以上 1 万 5,000 ドル未満	5.1	5.9	24.0
上位		1 万 5,000 ドル以上 4 万 5,000 ドル未満	4.4	5.3	7.7
高所得層		4 万 5,000 ドル以上 10 万ドル未満	3.9	3.3	3.9
富裕層		10 万ドル以上	1.9	0.9	1.3
合計			100.0	100.0	100.0

注：アジアは，日本，中国，インド，韓国，シンガポール，タイ，インドネシア，ベトナム，フィリピン，マレーシア，パキスタン。
出所：大木（2011），39 ページ。

6．日本企業のアジアへの進出

みなさんがバンコクや香港を訪問したら，街中に日本のコンビニエンスストア（コンビニ）がたくさんあることに驚かれることでしょう。

ファミリーマートは 1988 年に台湾に出店して以降 2021 年 4 月末時点でアジアを中心に 8,000 店と積極的に出店しています。セブン・イレブンも 2008 年に中国・北京で出店を開始し，2020 年 12 月現在，9,884 店とその店舗網をアジアで急速に拡大しています。コンビニでは現地の言葉を使うことなく，商品をカゴにいれ，レジで支払いを済ますことができます。

吉野家，ワタミ，モスバーガーなどの外食チェーンもアジア各国に店舗を広げています。アジアの新興国で生活するのは，大変だ，と考えるかもしれません。バンコクには高島屋デパートがあり，香港にはそごう百貨店（デパート）があります。カンボジアのプノンペンには，イオンモールがあります。著者が 2017 年春にプノンペンを訪問した際には，イオンモール内のフード・コートで食事をし，ワタミの定食屋で日本食を食べました。アジアの国を訪問すると，その訪問が初めてでも違和感なく滞在を楽しむことができます。

ホテルについても，観光客向けのホテルとは別に，日本のビジネス客向けのホテルがあります。これらのホテルには Wi-Fi が整備されており，用事はすべて日本語で済ますことができます。筆者が滞在したミャンマーやカンボジアのホテルでは，朝食に日本の和食を提供していました。

中間層にある人々は，多少価格が高くても高品質の製品を購入すると述べました。例えば，第4章タイで紹介する栗原さんは，バンコクで日本の健康に良い高品質の日本の商品を販売する店舗を日系デパート内に構え，さまざまな日本製品を販売しています。第5章ベトナムに登場する菊池さんは，東南アジア各国で開催される日本企業のイベント企画・実施をベトナムのホーチミン・シティをベースに行っています。

このように，中間層に注目した大企業，中小企業がアジア，特にアジアの新興国に進出しており，日本人が現地で活躍できる余地は非常に大きいといえます。

7．アジアで成長するサービス産業

日本企業は製造業を中心に，主に製品を欧米に輸出してきましたが近年は新興国を対象とする分野で事業を拡大させています。従来は国内型産業と考えられていた流通業，小売業，外食業，教育業などのサービス産業が海外展開，特にアジアで事業展開をするようになりました。サービス業は，サービスそのものが「見えない」という特徴があります。そのため，サービスを現地の従業員に理解してもらわなくてはならず，サービス産業の海外展開は，日本国内で考える程容易ではありません。しかし，日本の企業は東南アジア市場の事業を拡大させており，この傾向が変更されることはありません。

8．まとめ

第2章では，日本企業が東南アジアの新興国に事業拡大し，東南アジアが魅力的な市場になっていることを学習しました。次章の第3章から第9章は東南アジアで起業家として活躍している人々を学習します。

演習問題

【タスク1】　図表2-1から東南アジアの新興国について読み解くことができる事柄

を説明してください。

【タスク2】 アジアの新興国が豊かになっている理由について，例を挙げながらあなたの考えを説明してください。

【タスク3】 アジアは2030年にどのようになっていると思いますか？　例を挙げながらあなたの考えを説明してください。

【注】

1　本書では，森健氏の「新興国とはなにか」(『知的資産創造』2013年1月号）を参考に，「新興国」を定義した。

2　森論文では2010年のデータを使用していたが，本書ではデータの見直しを行い2016年時点のデータを使い分類した。

【参考文献】

東南アジア全般

石井米雄（1985）『東南アジア社会の構造と変容』創文社。

大木博己（2011）『アジアの消費―明日の市場を探る』JETRO。

川端基夫（2011）『アジア市場を拓く』新評社。

地球の歩き方編集室編（2020）『地球の歩き方 東南アジア 2020-2021』地球の歩き方。

東南アジア研究会編（1987）『社会科学と東南アジア』勁草書房。

中川涼司（2009）『東アジアの起業経営―多様化するビジネスモデル』ミネルヴァ書房。

矢野暢他（1990）『講座 東南アジア学―第一巻 東南アジア学の手法』引文社。

矢野暢他（1990）『講座 東南アジア学―第二巻 東南アジア学の自然』引文社。

矢野暢他（1990）『講座 東南アジア学―第三巻 東南アジア学の社会』引文社。

矢野暢他（1991）『講座 東南アジア学―第五巻 東南アジア学の文化』引文社。

矢野暢他（1991）『講座 東南アジア学―第六巻 東南アジア学の思想』引文社。

横山和子（2017）『東南アジアで働く』ぺりかん社。

吉田元夫（2021）『東南アジア史10講』岩波書店。

Yokoyama, K. and L. S. Birchley (2018), *Transnational Entrepreneurship in South East Asia: Japanese Self-Initiated Expatriate Entrepreneurs*, Springer.

開発全般

大坪滋編（2009）『グローバリゼーションと開発』勁草書房。

サリバン，ニコラス・P.（2007）『グラミンフォンという奇跡』英治出版。

セン，アマルティア（2000）『自由と経済開発』日本経済新聞社。

西水恵美子（2009）『国をつくるという仕事』英治出版。

ノヴォグラッツ，ジャクリーン（2010）『ブルー・セーター』英治出版。

ユヌス，ムハマド（2010）『ソーシャル・ビジネス革命』早川書房。

ユヌス，ムハマド（2008）『貧困のない世界を創る』早川書房。

ユヌス，ムハマド（1998）『ムハマド・ユヌス自伝―貧困なき世界をめざす銀行家』早川書房。
ロスリング，ハンス（2019）『FACT FULNESS』日経 BP 社。

第3章

中　国

この章の全体テーマ：政治・経済
政治は中国の経済活動にどのような影響を与えているか？ 中国でビジネスを展開するためには英語で十分か？

人口	1,398 百万人（2019）
面積	9,597 千 km^2
GDP/ 一人当たり	10,217US ドル（2019）
宗教	仏教，キリスト教，道教，イスラム教

The World Bank Development Indicators

Section A：中国について学習しよう！

中国についての事前学習

下記の質問から1つ選び，インターネットや図書館で調べてみよう。参考にした資料の出所やURLも記載しよう。

1．中国はどんな国か調べよう。
2．中国と日本の関係を調べよう。
3．中国の文化や社会について調べよう。

中国概観

正式名称は中華人民共和国。通称で中国と呼ばれます。首都は北京市。世界一人口が多い国である。政治面は中国共産党が事実上の一党独裁を行っている。

経済面では，1978年における改革開放後，「経済特区」や「沿岸開放都市」などの設置を行い，社会主義経済体制からの根本的な転換を行った。その結果，外資流入の勢いが増し，20年以上にわたり年平均9%以上の実質GDP成長率を達成し，2010年にはGDP規模で米国に次ぐ世界第2位の経済大国となった。

1997年に香港がイギリスから返還され，1999年にマカオがポルトガルから返還された。

社会問題では，汚職が大きな問題となっている。特に，地方政府の役人（共産党員に限らず）の腐敗や職権の濫用が多いことが問題になっている。環境問題も深刻である。中国のエネルギー使用による二酸化炭素（CO_2）の排出量は世界の3割を占め，世界最大のCO_2排出国となっている。

中国は多民族国家である。最大の民族集団は漢族で人口の92%を占めている。残りの8%はウイグル族，モンゴル族，チベット族など多数の少数民族から構成されている。近年，ウイグル族に対する弾圧が国際問題になっている。

Section B：中国・上海で活躍する起業家を学習しよう！

ケースを学習する前のタスク

1. 中国に行ったことはありますか？　何時，どこを訪問しましたか？　印象に残る事柄を教えてください。
2. 中国の歴史について知っていますか？　知っていることを教えてください。
3. 中国について知りたいことがありますか？
4. 中国に対してどのようなイメージを持っていますか？
5. 中国の経済発展は著しいと言われています。その理由は？

メインタスク

次のケース1～3を読み，キャリアパスに関する質問に答えてください。プロフィールの最後に記載されているホームページ（HP）にもアクセスし事業内容を確認しよう。

ケース1

鳥本健太さん (Mr. Kenta TORIMOTO)

プロフィール

北海道新得町出身。家族は日本人の妻と子供２人。新得町の公立小・中学，帯広市の帯広三条高校で学ぶ。愛知県の中京大学体育学部に入学。当初は体育教師を目指していたが２年で中退（20歳）。父親は新得町で酪農経営を行う。鳥本さんは４人兄弟の長男。家業の酪農法人は弟が継いでいる。
現在，「office339」代表。

Website：office339（http://www.office339.com/）

鳥本健太さんは，大学入学時，親から仕送りを受けながらも部活と遊興漬けの毎日を続けていた。これではいけないと親に大学中退を相談したが，もう1年続けてはと言われ在籍したが２年次終了時に中退した。

同年，ヨーロッパに行ってみたいと思い，イギリスの語学学校に1カ月通い，その後マンチェスターのホテルで働き始めた。ホテルではレストランのウェイター，ハウスキーパー，イベントの手伝いなどを行った。

1年後（2002年，21歳）に帰国し，東京，五反田にあるNTTの関連会社に勤務し，2003年まで働く。ITは大学時代に独学（通信教育）でネットワークなどを勉強していた。ITに興味を持ったきっかけは，中学時代に読んだビル・ゲイツ氏の著書『ビル・ゲイツ未来を語る』である。

その後，2004〜2005年（23〜24歳）まで，大連にある「Dell」のIT部門の社内システムの管理・補修に従事する。大連に行こうと思った理由は，マンチェスターで中国人と友人になり，北京オリンピックが決まった時に，ホームパーティで皆興奮し未来は明るいと述べていたことであった。日本の将来との違いを感じ，成長している国に身をおいてみたいと興味をもった。しかし，家と会社の往復だけの生活に疑問を持ち，3カ月間休職して，2005年（24歳）に上海を訪問する。

たまたま訪れたエリアのM50（工場の跡地，ギャラリーなどのアートエリア芸術村）の雰囲気が良く，ギャラリーでアルバイトをさせてもらった。そこで3カ月働き，大連の会社は退職する。

2006年に同エリアにあった中国人経営の版画工房で働くことになったが，半年後にかなり郊外に移転することになり通えなくなった。それを契機に同年（26歳），自分でアート関係の事務所を立ち上げる。当時は，中国の現代アートが世界的に注目を集め始めた時期だったので，中国のアート情報を日本の雑誌に投稿したり，ギャラリーやアーティストの中国とのコーディネートを行った。従業員として最初に中国人1名を採用した。

現在の従業員は9人で，アート関係では，展覧会の企画やプロデュース，ホテル・商業施設のアート企画を，それとは別にオンライン有名ユーチューバーのマネジメント，オンラインの動画コンテンツの企画・制作を行っている。

初職でのメンターは，いない。現在のメンターは，いないが師匠はいる。仕事上のネットワークは，日本では，中国に進出を希望する企業，エンタメ系，IT系，アート関係。中国では動画サイト会社，商業施設開発ディベロッパー，同業者である。私生活のネットワークは，子供関係が最近増えた。妻がプライベートでピアニストとして活動をしており，そのバンド仲間。上海で長く仕事をしている仲間である。仕事と私生活は一緒と考えている。

5段階評価で，仕事満足度5，生活満足度は5，総合満足度は5。仕事を優先するケースは多々あるが，子供を仕事場に連れて行くこともあり，子供と遊ぶことも好きなため，仕事満足と生活満足はどちらも大切で，線引きを考えたことはない。

日本での勤務経験は，有益だった。ビジネスマナーを学んではいないが，出向先がNTTの関係先（NTTコムウェア）で，日本人の働き方を見られたことは有益だった。座右の銘は，「諸行無常」。物事は移っていくもの。1つのことに固執しない。所得の減少に対するこだわりは大切である。資金があればもっとできることがあるので，稼ぎは多い方がよいと思っている。現状の所得には満足していない。開業資金は，起業というほどではなかったので当初はほとんどかかっていない。法人化した際は10万元（150万円）必要であったが，自己資金で賄った。起業の際には，事前に相談はしていない。

自己啓発は，人に会いに行く。読書（歴史・ビジネス書など)。懸案事項は，資金繰り，政治問題である。

鳥本健太さんのキャリアパス

18	体育教師を目指し，中京大学体育学部に入学するが20歳で退学
20	イギリス・マンチェスターの語学学校に入学。マンチェスターのホテルで働く
21	東京五反田のIT関係の会社で勤務
23	中国大連の米国系IT企業で勤務
24	中国上海の芸術村，版画工房で働く
26	26歳でアート企画事務所を創業し，現在に至る
現在	事業を拡大中

❓ ケース1のキャリアパスに関する質問

1. 鳥本さんに影響を与えた大起業家は誰ですか？　その人からどのような影響を受けたと思いますか？
2. 鳥本さんは一年間イギリスに滞在し，ホテルで働きました。マンチェスターのホテルで働いた経験から，鳥本さんはどのようなことを学んだと思いますか？

3．日本の会社で働いた鳥本さんがなぜ，中国の大連のアメリカ系の会社で働いたと思いますか。

4．鳥本さんのアートとの出会いを教えてください。

5．鳥本さんのキャリアアンカー（座右の銘）「諸行無常」の意味を説明してください。

ケース2

分部悠介さん（Mr. Yusuke WAKEBE）

プロフィール

東京都出身。小5まで公立小，小5から中3はアメリカ，ニュージャージー州のニューヨーク日本人学校，高校は東京学芸大学附属高校。東京大学文科Ⅱ類入学。同大経済学部卒業。在学中に司法試験合格。

現在，IP FORWARD グループ総代表。ビジネスコンサルティングを専門にするJC FORWARD，アニメーション・コンテンツを制作する Animation Forward 代表取締役・CEO。中国に進出したい芸能人，KOL（Key Opinion Leader）の進出支援，これを活用した広告サービスを提供する㈱ぬるぬる代表取締役・CEO。IP FORWARD 法律・特許事務所代表弁護士・弁理士。日中エンターテイメントロイヤー。

Websites：IP FORWARD（http://www.ip-fw.com/）
Animation Forward（http://af-jcf.com/）

分部悠介さんは，新卒（2000年）で電通に入社し，2年半働いた後，56期の司法修習生となり，2003年に弁護士登録を行う。電通では，映画・音楽・キャラクタービジネス等を扱うコンテンツビジネス部門に配属された。通常新入社員は配属されないが，司法試験合格実績，英語力が評価され配属された。在職中に社会人としての基礎を学んだ。

弁護士になろうとして資格を取ったわけではない。もともとはゲームが好きで，大会で優勝した経験があったことから，ゲームプロデューサーになることも検討していた。しかしゲーム関係者との付き合いの中で，日本にはハリウッド映画やゲームコンテンツビジネスのビジネスプロデューサーがいないことを知った。また，分部さんが司法試験に合格し，英語もでき，ゲームにも詳しいのなら日本のためにそのプロデューサーになればよいのにとのアドバイスをもらったことなどから，新たに専門部門を作っていた電通に入ろうと決め，採用された。

一方，司法修習生として第一東京弁護士会に登録し，2003年に大手法律事務所に入所した。コンテンツ業務，企業法務・知財法務全般，ファイナンス・不動産の証券化に携わり，2006年まで3年間勤務した。

2006〜2009年までの3年間は経済産業省（以降，経産省）に出向する。法律事務所の所長に，社会人経験などがプラス評価され，初代模倣品対策専門官弁護士として経産省に出向，派遣される。経産省では知的財産権法制度の調査分析，関係国政府との協議，知的財産権侵害被害に関わる相談対応などを担当した。所属法律事務所から経産省への派遣は初めてであった。

分部さんの中国とのつながりは，電通時代に出会ったIT企業の社長との出会いである。東京都がITベンチャー企業を中国に派遣することになった時，派遣団に随行サポートする弁護士として声がかかり（2003年頃），以降中国と深く関わることになった。経産省の模倣対策室のミッションは，「日本の知的財産を守る」である。そのため当時途上国の代表国であった中国で，まず日系民間企業の声を聞き，困っている事案を把握し，中国の知財法を調べた。実際に企業と交渉する業務の中で中国関係は全体の6〜7割を占めた。残りの業務の担当国のうち，2〜3割は東南アジア，中近東であった。

分部さんは2009年に法律事務所に戻り，2011年までの2年間，所内のルールに基づき，海外で働く権利を取得し，その権利を中国で行使した。

1年目（2009年）は上海に滞在し，最初の半年間は語学学校に通い，残りの半年間は5〜6カ所の模倣品対策の探偵・調査業務を専門にする探偵・調査会社に籍を置き，OJTで模倣品調査の実務を身に着けた。2年目は北京の法律事務所に所属し研修を受けたが，研修中，多くの日本企業から，中国の模倣品対策探偵を管理，統制する仕事の依頼を受けるようになり，実践業務を行うようになった。

経産省勤務の3年間，模倣品を中国で実際に目の当たりにして戦った2年間を通じて，日本の知的財産権，ひいては日本の国益について考える機会になり，もう少し中国を見たい，また多くの日本企業から仕事を依頼されたことを全うしていきたいなどと考え，最終的に法律事務所を退所した。34 歳であった。

2011 年（34 歳）に上海に知的財産保護を目的に日本企業の中国支援をワンストップでサポートするコンサルタント会社 IP FORWARD を起業した。中国人の探偵十数名と，日本人１人，異国の地での起業であった。

事業は順調に成長するとともに，その領域を拡大するようになり，2016 年，日中コンテンツビジネス・アニメ制作を主業務とする JC FORWARD, Animation Forward を設立する。また，2019 年に中国人向け広告事業，芸能人，タレントなどの中国進出支援等をサポートする㈱ぬるぬるを設立した。

これらの会社全体で，従業員は非正規を含め 70～80 名。日本人はその内 10 名。

働く意味としては，お金目的ではなく，社会的に意義のあることのためにという思いが強い。

親族に自営はいない。分部さんは長男で弟が１人いる。日本と中国を行ったり来たりで両親と会う機会はある。

初職のメンターは，電通時代にいた。現在メンターはいない。仕事と私生活が一体化しており，仕事上のネットワークは，1) コンサル会社，知的財産関係，2) 映画・コンテンツ事業者，アニメ関係の日本側・中国側のつきあい，3) 特許関係，弁理士・AI エンジニア，4) 広告業務関係，5) 政府部門関係である。私生活のネットワークは，仕事と一体化している。

５段階評価で，仕事満足度 3，生活満足度は 3，総合満足度は 3 である。仕事満足度が一番大きい。日本での勤務経験は，有益と考える。座右の銘は，「困難は乗り越えられる人にだけ与えられる」「Manage とは何とかすることである」「すべての責任は自分にある」。

所得に対する考えは，お金を稼ぐことだけを目的に生きることは良くない，と考えている。自分が楽しく生きられるだけのお金があれば良い。物欲はない。しかし最近経営者として，優秀な人を雇うためにはお金が必要と考えている。社会に良いことをしてお金を稼ぐという考えが必要と考えるようになっている。自己啓発は，新しい分野の本を読むこと。懸案事項は，ない。

分部悠介さんのキャリアパス

18	東京大学文科Ⅱ類入学
22	東京大学在学中に司法試験合格
23	東京大学経済学部卒業。電通入社
26	弁護士登録。大手法律事務所に入所
29	経済産業省模倣品対策・通商室に出向。初代模倣対策専門官弁護士として，中国，東南アジア，中近東の企業との交渉に従事
32	法律事務所に戻り，２年間海外で働ける権利を行使。１年目は上海に滞在。最初の半年間は語学学校に通い，残りの半年間は模倣品対策専門調査会社に籍を置き模倣品対策調査の実務を身に着ける。その後北京の法律事務所（中国律師事務所）に所属し，中国知財・法務実務に携わる
34	上記法律事務所退所。上海で知的財産保護を目的とするコンサルタント会社，IP FORWARD を創業
現在	現在は，知的財産の模倣対策，弁護士・弁理士業務，中国進出業務会社，映画輸入業務の会社，アニメの制作会社，特許代理事務所，AI を使った特許翻訳会社，日本芸能人・KOL の中国進出支援会社など数社を経営し，事業を拡大中

ケース２のキャリアパスに関する質問

1. 分部さんはなぜ，弁護士になったと思いますか？
2. 分部さんが中国で起業した理由を教えてください。
3. 日本製品が模倣され販売されていた事例を知っていたら教えてください。
4. 分部さんが社会貢献したいと考えた理由は何だと思いますか？
5. 分部さんの座右の銘「困難は乗り越えられる人にだけ与えられる」「Manage とは何とかすることである」「すべての責任は自分にある」を具体的に説明してください。その座右の銘について，あなたの考えを教えてください。

ケース3

堀 眞さん (Mr. Makoto HORI)

プロフィール

大学を卒業後，大学病院に就職して血液検査業務を行っていたが退職。青年海外協力隊に応募し，南太平洋ソロモン諸島国へ赴任する。帰国後，28 歳で千葉県にある健康診断受託機関に転職し，30 歳で同社の香港現地法人の駐在となる。39 歳で独立し，香港で総合健康診断サービスを行う会社を設立する。現在，同社の代表を務める。

Website：メディポート日本語（http://www.mediport.com.hk/jp/index.html）

堀眞さんは大学卒業後，24 歳で大学付属病院の中央検査室に就職する。そこでの血液検査の仕事に大きな不満はなかったが，組織の中に出来上がった年功序列的体質や，その中での自分の将来が見えてしまうことに息が詰まり，退職を決意する。

そして，青年海外協力隊に応募し一次審査，二次審査（個人，専門家）を経て，経験不足を指摘されながらも，26 歳の時に南太平洋ソロモン諸島国保健医療省マラリア局へ赴任する。

ソロモン諸島の病院での業務は，マラリアの検査や新しい治療薬の臨床試験，スタッフの教育が中心であった。さらにマラリアの住民健診にも参加した。日本の大学病院とは全く異なる世界に身を置くうちに，開発途上国での生活があっていると実感した。

28 歳で帰国し，海外との接点がある仕事を探したものの希望が叶わず，同年に千葉県の健康診断受託企業（本社，滋賀県）に就職する。しばらくは海外と縁のない仕事になるであろうと思って入社したが，間もなく香港で健診施設を開設するプロジェクトがあることを知る。30 歳の時に設立された香港の検査施設の責任者として赴任する。しかし，香港での仕事は現地での決裁権がなく，日々報告のみの業務に留まった。仕事量が増加する一方で人員も補充されなかった。堀さんはサービスの質の保持を本部に要望するが，現場からの要望は聞き入れられなかった。39 歳の時に退職する道を決意する。

堀さんは退職後，考えを共有できる日本人看護師と Mediport International

Ltd.を設立する。最初の3カ月は保険ブローカー（仲介人）のオフィスの中でデスクを借りての仕事を行った。事業の立ち上げ時には本当に苦労したと，述べた。

設立から4年は細々と経営するのみであったが，2003年のSARS（重症急性呼吸器症候群）発生後，顧客が一気に増加した。

現在，香港の医療機関と連携しながら7名の従業員を雇用している。顧客は主に現地で働く日系企業の社員とその家族である。成人総合健康診断，小児健康診断を中心に医療サービス事業を拡大させている。

会社名はMedical（医療）とSupport（支援）をつなげてメディポートとした。香港の医師グループと提携し，質の高いサービスを提供しつつ，医学，医療，健康などの分野でいかに顧客にサポートできるか考えている，と述べた。

堀さんは，日本での勤務経験は役に立っていないという。日本で働いた会社は反面教師と考えている。独立後に多くの人から支援を得られたことが大きな糧となり，現在の自分がいると考えている。独立前の赴任時代の所得水準，生活水準を超えたときに，起業の成功を実感した，と述べた。

日本で勤務した時の満足度は5段階評価で表すならば2〜3だったが，現在は4〜5であり，職務満足については仕事と生活は一体化していると述べた。所得に関しては，収入は高いほうがいいが，職業は収入の高低で決めるべきでなく，自分の置かれた環境や業務の内容に満足できることが重要だ，とも述べた。

また，堀さんはメンタルケアに関る「精神対話士」や健康教育の基礎を補うための「健康管理士一般指導員」の資格を取得している。

堀さんのネットワークは幅広い業種にわたる顧客や周囲にいるさまざまな経験を積んだ人々である。日本にいたときには決してつながることがない人びとが中心になっている，と述べた。

懸案事項は，仕事上では突発的な問題を対処する為の資金の備えであり，私生活では日本で生活する家族と親である。堀さんのキャリアアンカーは「恩を忘れない」である。将来は日本，香港，ソロモン諸島国のどこかで自給自足に近い生活を送る夢を持っている，と述べた。

堀 眞さんのキャリアパス

24	大学を卒業後，日本医科大学附属病院中央検査室に就職
26	青年海外協力隊員として南太平洋ソロモン諸島国保健医療省マラリア局へボランティア派遣
28	千葉県の健康診断受託企業に転職
30	責任者として香港に駐在
39	退職し，総合健康診断サービス Mediport International Ltd. を設立。同社代表
現在	健康診断サービス事業を継続・拡大中

ケース3のキャリアパスに関する質問

1．堀さんは最初に就職した勤務先に満足できませんでした。なぜだと思いますか？
2．満足できる会社に就職するためには大学時代にどのようなことをする必要があると思いますか？
3．青年海外協力隊とは何ですか？　どうすれば青年海外協力隊員になれますか？
4．堀さんはなぜ，香港で起業することを決めたと思いますか？
5．堀さんの自己啓発を教えてください。

Section C：学習を深めるタスクにチャレンジしよう！

次の事柄についてレポートを作成しよう

もし中国，例えば上海で事業を始めようと考えた場合，どのような分野のビジネスが有望だと思いますか？　自分の考えをレポートにし提出してください。

【参考文献】

筧武雄他（2017）『改訂増補　中国のことがマンガで3時間でわかる本』明日香出版社。
谷崎光（2014）『日本人の値段―中国に買われたエリート技術者たち』小学館。
地球の歩き方編集室編（2018）『地球の歩き方 中国 2019-2020』地球の歩き方。
地球の歩き方編集室編（2020）『地球の歩き方 上海 杭州 蘇州 2019-2020』地球の歩き方。
中嶋嶺雄（1985）『香港―移り行く都市国家』時事通信社。

第4章

タ　イ

この章の全体テーマ：ネットワーキング・メンター

ビジネスを行う上でネットワーキングの重要性を考えてみよう
あなたはメンター（助言者，相談者）を持っていますか？　どんな人ですか？

人口	70百万人（2019）
面積	513千 km^2
GDP/一人当たり	7,807USドル（2019）
宗教	仏教

The World Bank Development Indicators

Section A：タイについて学習しよう！

タイについての事前学習

下記の質問から１つ選び，インターネットや図書館で調べてみよう。参考にした資料の出所や URL も記載しよう。

1．タイはどんな国か調べよう。
2．タイと日本の関係を調べよう。
3．タイの文化や社会について調べよう。

タイ概観

国土は，インドシナ半島中央部とマレー半島北半を占める。南はマレーシア，東はカンボジア，北はラオス，西はミャンマーと国境を接する。東南側はタイランド湾に面する。マレー半島中部では西にアンダマン海及びマラッカ海峡があり，それらを挟んでインドネシアに向かい合っている。タイの海岸線には美しいビーチが多数あり，山々の景観も見事である。豊富な自然は農業，漁業，観光の発展に貢献している。特に観光業が外貨獲得に大きな役割を果たしている。タイでは軍事クーデターによる政情不安，軍による民主化運動の弾圧などが多発しており，現在は軍部が政権を握っている。外交では APEC と ASEAN に加盟している。近年，タイは高い経済成長を遂げ，低所得国から高中所得国入りを果たしている。タイは中国の南に位置し，アジアにおける戦略的好位置にある。国民の教育程度の高さ，賃金の安さなどから，日本を含む多国籍企業が多数タイに直接投資を行い，ASEAN 諸国への輸出拠点となっている。

タイは経済面では国際貿易と国境をまたぐ越境ビジネスに大きく依存し，GDP の約 2/3 を占めている。輸出は電気製品，自動車部品，食品加工等である。農業は主に小規模農家から構成されており，人口の 1/3 が農業従事者である。

タイの国民のほとんどは仏教徒で，国民性は温和である。タイが経済発展を遂げるために，世界銀行はビジネスの高度化，金融業界の整備，労働市場の活性化を挙げている。

Section B：タイで活躍する起業家を学習しよう！

ケースを学習する前のタスク

1．タイに行ったことはありますか？　何時，どこを訪問しましたか？　印象に残る事柄を教えてください。
2．タイの歴史について知っていますか？　知っていることを教えてください。
3．タイについてどんなことを知っていますか？
4．タイについて知りたいことがありますか？
5．タイに対してどのようなイメージを持っていますか？

メインタスク

次のケース1～3を読み，キャリアパスに関する質問に答えてください。プロフィールの最後に記載されているホームページ（HP）にもアクセスし事業内容を確認しよう。

ケース1

栗原宏美さん（Ms. Hiromi KURIHARA）

プロフィール

短期大学卒業後，一般事務や短期アルバイトなど転職をくり返す。30代になった時，知人からタイで日本商品を販売する仕事を紹介され，初めて海外へ行く。商品を売り切ったこと，タイの風土が合ったことで，その後単身タイへの移住を決意。35歳で健康グッズを取り扱う会社「kenkoplus」を創業する。

Websites：kenkoplus（https://www.kenkoshop.co.th/）
Japanplus（https://www.japanplus.net）

栗原宏美さんは日本の短大卒業後，旅行会社で一般事務として3年間勤務した。当時は将来についてのビジョンはなく23歳で旅行会社を退職した後，飲酒習慣が原因で10年間OLやパートなど転職を繰り返した。その様な生活の中で，ナポレオン・ヒルが書いた『成功哲学』*（産能大出版部）という本に出会い，35歳までに社長になるという夢を抱く様になった。

「精神安定剤代わりに，その本を何度も読んで，自分の目標を書いて部屋に貼ったりしていました。その時点では，将来への展望は漠然としていて，何も見えていませんでした」

30歳を過ぎた頃，タイで仕事をしている知人から，日本の枕をタイのデパートで展示販売しないかと依頼があった。枕は日本と同程度の価格だったが，栗原さんはバンコクのデパートで売り切ることができた。この経験が彼女のターニングポイントになる。それ以降10カ月の間にタイを4回訪問し，デパートで日本の商品の即時販売を繰り返した。同時に，毎日CDでタイ語を学んだ結果，1カ月程でタイ語を聴き取ることができる様になった。

その後，枕の販売会社がバンコクから撤退したことで，栗原さんは自ら会社を設立し，バンコクで寝具販売を引き継ぐことを決意する。35歳での起業であった。

バンコクに移り住んだ後，早朝勉強会に参加するようになった。早朝勉強会で知り合った日本人との縁で，タイへの進出を支援する日本人コンサルタントとのつながりができた。現在は，日本人コンサルタントから紹介された企業の委託で仕事を請け負っている。

栗原さんは，最初は体に良い寝具を販売していたが，現在は14名のタイ人従業員を雇用し，デパートなど5店舗で健康に関わる商品を販売している。

ビジネスにおいて重要な決断を行う際にはメンターに必ず相談している。メンターであるO氏の支援なくしては現在の自分はいないと述べた。

栗原さんは，資金はビジネスを拡張する上で，大きな役割を果たすと述べた。資金があればビジネスをさらに拡大させることができ，新たなビジネスチャンスを掴むことができるからである。長期的には，従業員が自律的に会社を運営できるようになってほしいと考えている。

「収入は多ければ多いほど良いと思っています。なぜなら，次のことにチャレンジできるからです。チャレンジできれば，同じ価値観を共有できる仲間とつながってゆくことができます。資金があればビジネスをさらに拡大させることができ，新たなビジネスチャンスをつかむことができます」

栗原さんはタイに来てから自分の生活スタイルを大きく変えた結果，生活の質が大きく向上した，という。現在は朝3～4時に起床し，その日の午前中に最も重要な業務を行う。午後は読書やジムなど自身への投資の時間とし，午後8時には就寝する。自身の20～30代前半の苦悩した日々は，自分の将来を形成するのに役立っていると考えている。

キャリアアンカーは「習慣は生活を変える」である。また，栗原さんは東日本大震災の後，家族にバンコクへ移り住むように勧め，現在は日本の家を処分しタイで生活している。

栗原さんは現在の生活と職務共に非常に満足しているが，ビジネスにおいて競争を嫌い，今後自分の信念に従い生活していきたいと考えている。

栗原宏美さんのキャリアパス

16	普通の高校生
18	短期大学の学生
20	旅行会社で勤務
23	転職をくり返す
33	オファーを受けバンコクに渡り日本の枕を販売
35	株式会社「kenkoplus」設立。日本の健康グッズ販売を行う
現在	事業を拡大中

＊『成功哲学』は産能大出版部以外にも「きこ書房」，「アチーブメント出版」等から日本語訳が出版されている。

? ケース1のキャリアパスに関する質問

1. 栗原さんは20代から30代前半にどのような困難を経験しましたか？　それは，なぜだと思いますか？
2. 『成功哲学』という本は栗原さんにどのような影響を与えましたか？
3. 栗原さんの人生での転機を説明してください。
4. 栗原さん事業においてメンターの果たしている役割を説明してください。
5. 生活習慣の変化が栗原さんのビジネスにどのような影響を与えたと思いますか？

ケース2

上野圭司さん（Mr. Keiji UENO）

プロフィール

早稲田大学在学中に異文化に興味をもち，一般企業への就職よりも起業の道をめざす。レストラン開業のための計画を練り，飲食店チェーンで経験を積む。市場拡大を狙えるタイに移り，レストランやタイ古式マッサージ店 at ease を展開。「日本であたりまえのことをやれば，高い評価を得てビジネスになる」，「日本と東南アジアとの架け橋になること」が信念。

Website：at ease（http://atease-massage.com/）

上野圭司さんは現在，タイのバンコク市内とベトナムのハノイでレストランと関連店舗を経営している。

上野さんが異文化に興味を抱くきっかけは，叔父が海外出張時にお土産を買ってきてくれたこと，姉が年に二，三度海外旅行をし，イタリアへ語学留学したことであった。

上野さんは高校卒業後，早稲田大学教育学部へ進学したが，当時は決して勉学に熱心な学生ではなかった。大学1年生の春季休暇中に，バックパッカーをしながら1カ月間チェンマイからシンガポールまでを旅行し，その後も長期休暇に入ると旅行を繰り返した。

「日頃はアルバイトをして，旅行資金を貯めていました。周りの友人は企業でバリバリ働く，と決めて就職活動へ向かう人が多かったのですが，自分はあまりイメージが湧きませんでした。どうも，そうした雰囲気が苦手で……」

それらの旅行を通し，一般的な会社員として働くのではなく起業したいと考えるようになった。

大学4年次には，レストラン開業への明確な計画を立て，飲食や外食関係の会社を研究していった。そして，勤続5年以上の社員が5000万円までの開業資金を借りることができる居酒屋チェーンへの入社を決心した。居酒屋チェーンでは接客，厨房，店長，地域統括マネージャーまでのさまざまな経験を積み，人材管理法，店舗単位での経費の計算等を習得し，28歳の時に退社した。

上野さんが東京・世田谷区で物件を探しながらレストランを開業する計画を

立てていた時，父親の友人であるタイ人の実業家が偶然，上野さん宅を訪問した。タイ人の実業家は，日本の人口が減少していること，飲食市場が飽和状態にあることを指摘し，日本で開業するよりも，将来的に市場拡大が見込めるバンコクで開業することを勧めた。

上野さんは「日本であたりまえのことをやればビジネスになる」と考え，28歳の時にバンコクに移り，開業準備を始めた。上野さんは開業準備期間として1年間を設け，最初の6カ月はバンコクの語学学校へ通った。そこで出会った多くの人にタイでのビジネスについて助言をもらい，特にその中で出会った日本人の先輩から開業に向けて多くの助言を得た。後半の半年間は事業を開始するための準備期間にあて，タイ到着から1年後に「マイポーチ」という名のレストランをバンコク中心部に開業した。

開業資金の約1800万円は，自身の500万円の貯蓄，父親や，アドバイスをくれた父の友人（タイ人）からの借金で補い，居酒屋チェーンや金融機関からの借り入れはしなかった。

日本でレストランの開業を考えていた当時，上野さんは3人の料理人に声をかけていた。しかし，レストランの開業場所が東京ではなくバンコクに変更になったことから，2人は辞退。残りの1人がバンコクで働くことに賛同してくれた。

その料理人が日本食より洋食の方が得意であったことから，レストランで提供する料理を和食専門から和洋折衷型スタイルに変更した。また，バンコクの中でも，日本人が多く住む地区に店舗を構えることで，日本人主婦たちが気軽にランチをする感覚で立ち寄れる店にした。

駐在員の妻たちは海外生活におけるストレスが多い。このレストランは，バンコクに住む日本人の憩の場として人気を博するようになった。売り上げは，最初の3カ月間は赤字であったが，4カ月目からは黒字を計上した。

「お客さまには恵まれて，順調でした。苦労したのは，スタッフの確保です。開業前からタイ人スタッフを募集しましたが，なかなか続かない。指導法がおりあわないとすぐに辞めてしまうんです。なんとか人数を集めて続けていました」

2年目，同じ地区にあったタイ古式マッサージ店が倒産し，店舗の持ち主が上野さんにタイマッサージ店の開業を持ちかけた。上野さんはタイ古式マッサージ店「アット・イーズ」を開店することを決めた。マッサージ店はバンコク在住の日本人をターゲットに，高品質で，清潔，かつ高い技術を提供し，受付は日本語とタイ語で対応できるようにした。現地マッサージ店の平均的価格より10〜20%高かったが，地元の日本人から高い評価を受ける人気店になった。

3年目，レストランのとなりに日本人向けのカラオケ・ボックスを開業することを決め，再び成功を収めた。

4年目には，「アット・イーズ」のとなりに「アット・イーズ2号店」を開業し，翌5年目にはスイーツ販売にビジネスを拡大したものの，失敗し，その年にスイーツ店は閉店した。

6年目は，ビジネスの拡張はせず，タイと近郊諸国の視察を兼ねて旅行をし，更なる機会を得る期間とした。

7年目の35歳の時，上野さんはベトナムに進出し，「アット・イーズ」ハノイ店を開店した。

上野さんは，開業時は借金をしたが，事業経営で借金はするべきではないという考えをもっている。その理由は，物件を借りて負担を減らすことで，事業がうまく行かない時，初期投資負担が少ない分，撤退が容易だからである。

上野さんは，自身が展開しているビジネスの中で利益が低いと判断したものについては，そこからの撤退を決めている。またパフォーマンスの高い，新しいビジネスをスタートすることで利益が創出されるとも考えている。毎年ビジネスを拡張しているが，これまでの経験を活かし，新しいビジネスでは，過去に手がけたものより効率的に運営することができると考えている。

「いろいろな方たちのおかげで，今の仕事ができている。自分個人としては，もっと上手にタイム・マネジメントをして，プライベートも仕事もバランスをとって充実させていきたい。もっとうまくできるはずだ」と余地を感じている。

上野さんが大切にしている価値観，キャリアアンカーは「為せば成る，為さねば成らぬ何事も，成らぬは人の為さぬなりけり」である。

「勢いがあり，これから伸びてくると感じる国はフィリピンとインドネシアの２カ国です。今度，視察に行く予定ですが，それらも含めてASEAN（東南アジア諸国連合）の中で商売を拡大したいと考えている。日本でもビジネスを立ち上げたいという夢をもっていて，長期的には日本とASEAN諸国との架け橋になりたいと考えている」。

上野圭司さんのキャリアパス

16	普通の高校生
18	大学時代，チェンマイからシンガポールまでバックパッカーをし，起業することをめざす
23	居酒屋に５年間正社員として勤務
28	和洋折衷レストラン「マイポーチ」を，日本人が多く住む地区に開店
30	マッサージ店「アット・イーズ」を開業
31	カラオケ・ボックスを開業
32	アット・イーズ２号店を開業
33	スイーツ・ショップを開店するが失敗し閉店
34	店舗の拡張はせずASEAN諸国を視察旅行
35	ベトナム・ハノイにマッサージ店「アット・イーズ」を開業
現在	レストラン他関連５店舗を経営

ケース２のキャリアパスに関する質問

1．上野さんが最初に海外に興味を持ったきっかけを教えてください。
2．父親のネットワークが上野さんの起業にどのような影響を与えたと思いますか？
3．なぜ上野さんは居酒屋に就職することを決めたのでしょうか？
4．創業後毎年上野さんは新しい分野にチャレンジしています。どのような分野に進出していますか？
5．上野さんのキャリアアンカー「為せば成る，為さねば成らぬ何事も，成らぬは人の為さぬなりけり」の意味を具体的に説明してください。

ケース3

阿部俊之さん（Mr. Toshiyuki ABE）

プロフィール

大分県出身。早稲田大学商学部をへて，レクサス・スクンビット社（トヨタの高級車ブランド。以下レクサス）へ入社。29歳で独立し，市場調査会社ASEAN JAPAN CONSULTINGを創業。東南アジアでのビジネス拡大を視野に入れ，タイを拠点に活躍中。

Website：ASEAN JAPAN CONSULTING（https://www.asean-j.net）

阿部俊之さんは現在，バンコクでタイ国内市場調査を専門とするコンサルティング会社の社長を務めている。同時にニッチ分野のサービス事業のサポート事業も展開している。

早稲田大学商学部で学び，在学中に国際教養学部の授業を聴講し，そこで東南アジア出身の多くの留学生と友人となった。就職活動では，第一志望への入社こそ叶わなかったが，第二志望の企業から内定を得ることができた。

阿部さんは就職を前に卒業旅行として，大学の授業で出会った留学生の家族を訪ねながら東南アジアを旅行した。

「授業で出会ったのは，シンガポール，タイ，マレーシアなどさまざまな国からの留学生でした。実は，僕は大学生になるまで留学経験もなければ，海外に行ったことがなかった。休みを利用して，彼らの故郷へ誘われるままに遊びに行きました。ジャカルタからクアラルンプール，太平洋に沿っていくつかの都市をめぐりました」

バンコクを訪問中，レクサスが，日本人の現地職員を探していることを知り，入社試験を受け，内定を得た。熟慮するとともに，父親からの「タイで働くのもいいんじゃないか」という助言が背中を押し，レクサスブランドの販売で自分の能力を伸ばすことを決意する。そして，バンコクのレクサスの現地職員として働き始めた。

阿部さんはレクサスでマーケティングに関する技能を習得するとともに，顧客が日本の一流企業の社長，または重役レベルの経営者たちであったことから，国際ビジネスについて多くの知識や経験を得ることができた。特にレクサスで働くなかで，アジアの財閥，米国企業の幹部から，ビジネスで成功する方法を学んだ。阿部さんには日本での勤務経験はなかったが，タイ語・英語，顧客に対するビジネスマナー，現地職員の人材管理法を仕事から学んだ。

その後28歳で同社を退職し，日本円で約150万円（当時，約1万2000ドル）の自己資金を投じて自身の会社を設立した。現在は5人の現地タイ人のリサーチャーを雇用しコンサルティング業務を行っている。

現在の仕事についての一例として，タイにある大手ホテルのエレベーターの安全性についての調査を挙げた。名前の知られている有名企業が作ったエレベーターが，実際どういった品質であるのかという，市場調査である。海外の大手企業のエレベーターでも，なかにはメンテナンスをしっかり行っていない会社もある，と述べた。

日本で2006年に発生したエレベーターの落下事故以降，旅行代理店はタイへの旅行者の宿泊先の選択肢として，エレベーターの安全性を重要視するようになったそうだ。そこで阿部さんの会社は，タイの主要ホテルにあるエレベーターの安全性を順位付けしたものを，日本の旅行代理店に報告している。現在，10社以上の日系企業と市場調査の契約を結んでおり，タイ国内のネットワークを駆使して顧客に必要な情報を提供している。

阿部さんは市場調査の仕事をする中で，こうしたニッチな市場の企業支援も行っている。他社が手掛けても良い結果が得られなかった市場調査なども多く手がけていると述べる。

「ペットの市場調査も行っている。ペットに関する法律，ペット向け保険，動物病院，ペットフード，ペット向け遊び場などについて，各市場の規模や成長性を分析している。市場調査の金額は，リーズナブルに設定しているので，銀行や商工会議所から紹介を受けたりしている。私の会社が調査を請け負うことで，タイ語や英語が得意でない日本人を本社から派遣し駐在させるより，はるかに安い金額で調査と分析ができます。その後，リピーターになるクライアントも多いです」

特に近年，タイはものづくり製造業での進出だけでなく，タイ人消費者に買ってもらう，体験型，消費サービス業を目的としての進出も増えている。

「日系薬局の大手企業，日系教育サービス企業，サポーティング企業，ホテル業などの会社進出も増えている。また，タイ以外の国と比較すると，タイはすでに一定程度成長を遂げた国であることから，今後の市場成長の判断材料として，ネガティブな面やリスクを詳しく調べたい企業も増えている」

日本の人口減少，高齢者の増加，空き屋物件の増加などを背景に，アジアで不動産を開発する企業も増加している。日本の大手不動産会社の海外展開を受けて，アジアでの不動産開発，住宅不動産，オフィス不動産，商業地開発といった事業を進めようとする企業からの問い合わせも増えているそうだ。

「中間層の増加と不動産価格の上昇，海外からの不動産購入が増えていることで，タイの企業と日本の不動産開発企業の進出も増えている」

阿部さんは，自らが働き始めた20代当時のバンコクを振り返り，バンコクはこれまでは，自動車業界による「アジアのデトロイト」であったが，現在は，東南アジアの大都市バンコクの姿が出現しようとしている，と印象を述べた。

この他にも，他社に例のない市場調査として，自動車教習所サービスを海外展開したい企業からの自動車教習サービス市場や，日本では大きな市場である二日酔い対策医薬品マーケットの市場調査なども手がけたと述べた。

「残念ながら，二日酔い対策医薬品はバンコクならではの結果が出ました。アジアの人びとは，日本人と異なり，二日酔いですと会社を休む傾向が高いのです。二日酔いで無理してまで出勤はしないため，需要がとても少ないことがわかりました」

阿部さんは成功のうらに指導者と呼べる人物とのかかわりについて次のように述べている。

「働き始めのころは，特にいませんでした。ただ，本が大好きだったのでよく読んでいました。よく参加する早朝読書会があり，そこから知識を習得しました」

29歳で独立した時，師と仰ぐメンターはいなかったが，現在は手本としたい人物に出会っている。ビジネスで成功するために，もっとも重要なことは「信頼を得ること，誠実であること」と阿部さんは述べた。

今後の長期計画として，タイ近隣諸国に市場調査会社を拡大させることを検討している。

また，自己啓発として，タイ語の習得を挙げた。現在もタイ語を学び続けており，職場で現地スタッフとはタイ語で日常業務を行っている。更に，タイの富裕層について学ぶとともに，読書や本の執筆を行っている。

阿部さんは，自分は日本にいたままでは，ごくふつうの生活を送っていたと思うが，今はさまざまな機会を発見できる能力を備えていると感じている。現在，私生活並びに仕事面でも満足度が非常に高い。今後も所得と成長にこだわりを持ち続け，タイを拠点に生活していきたいと述べた。

阿部俊之さんのキャリアパス

16	普通の高校生
18	早稲田大学商学部に在学
22	就職活動で内定先は第二志望の企業
23	卒業前にバックパッカーとして東南アジアを旅行中，レクサス・スクンビット社の現地職員として職を得る
29	約 150 万円の開業資金で市場調査会社を設立
現在	日本にも事務所を置く市場調査会社の社長とし，事業を拡大中

? ケース3のキャリアパスに関する質問

1. 聴講制度とは？　どうすれば大学で聴講することができますか？
2. 阿部さんは卒業旅行でアジア諸国を訪問し，どのようなことを学んだと思いますか？
3. Zaibatsu（財閥）とは何ですか？　Google などの検索エンジンを使いタイの著名な Zaibatsu を 1 つ調べ，その事業活動を簡潔に紹介してください。
4. 阿部さんは創業に際し，どのように開業資金を入手しましたか？　あなたが阿部さんであれば，どのように開業資金を入手しますか？
5. 海外で企業のトップと仕事をするためにはどのような知識，経験，etc. が必要であると思いますか？　具体的にあなたの考えを述べてください。

Section C：学習を深めるタスクにチャレンジしよう！

次の事柄についてレポートを作成しよう

仕事上でネットワークを広げるためにどのような方法が考えられますか？また，メンターはどのように見つけられると思いますか。ネットワークとメンターについて自分の経験をレポートにまとめ提出してください。

【参考文献】

朝日ビジネスソリューション（2013）『改訂増補 タイのことがマンガで3時間でわかる本』明日香出版社。
阿部利夫（1992）『タイ国理解のキーワード』勁草書房。
末廣昭他（1991）『タイの財閥』同文館。
地球の歩き方編集室編（2019）『地球の歩き方 バンコク 2019-2020』ダイヤモンド・ビック社。
地球の歩き方編集室編（2020）『地球の歩き方 タイ 2020-2021』地球の歩き方。
The Daily NNA タイ支社編集部『タイの華人財閥57家』（株）エヌ・エヌ・エー。

第5章

インドネシア

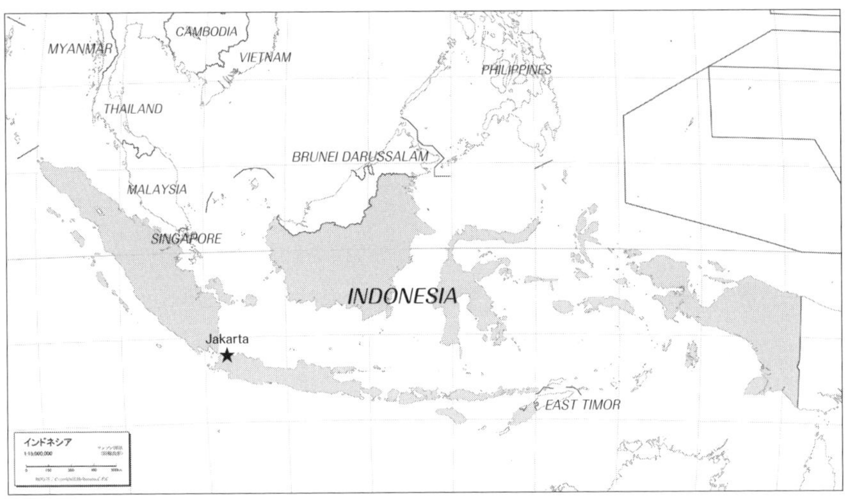

この章の全体テーマ：アイデンティティ
国籍は重要ですか？ 自己の拠り所はどこにありますか？

人口	271 百万人（2019）
面積	1,905 千 km^2
GDP/ 一人当たり	4,136US ドル（2019）
宗教	イスラム教

The World Bank Development Indicators

Section A：インドネシアについて学習しよう！

インドネシアについての事前学習

下記の質問から1つ選び，インターネットや図書館で調べてみよう。参考にした資料の出所やURLも記載しよう。

1．インドネシアはどんな国か調べよう。
2．インドネシアと日本の関係を調べよう。
3．インドネシアの文化や社会について調べよう。

インドネシア概観

インドネシア（正式名称はインドネシア共和国）は東南アジア南部に位置する共和制国家である。国は1万以上の大小の島により構成されている。首都ジャカルタはジャワ島に位置するジャカルタ首都特別州であり，国内最大都市である。人口は2億7100万人で世界第4位である。公用語はインドネシア語で国語である。また，世界最大のイスラム教徒人口を抱える。多民族国家で，地域により言語・宗教は異なる。通貨はルピア。外交面では，ASEAN（東南アジア諸国連合）を束ねる国であり，ASEAN本部はジャカルタにある。東南アジアからは唯一G20に参加している。

歴史を見ると，16世紀の大航海時代に香辛料を求めヨーロッパ諸国が来航し，オランダが17世紀に東インド会社をジャカルタに設立した。以降，インドネシアはオランダの植民地になるが，1910年代には植民地下の住民による独立運動が開始した。第2次世界大戦中は日本の植民地となるが，1945年に日本から独立する。1970年代には反日運動が盛んになったが，現在，日本とインドネシアの関係は良好である。1800を超える日系企業がインドネシアで事業を展開し，特に近年は大相撲やアニメなどの日本文化がブームとなり，日本語を学ぶ人が増えている。経済面では，2019年のGDPは1兆1192億ドルである。一方，一人当たりのGDPは3871ドルである。さまざまな産業があるが，基本的には農業国である。

Section B：インドネシアで活躍する起業家を学習しよう！

ケースを学習する前のタスク

1．インドネシアに行ったことはありますか？　何時，どこを訪問しましたか？印象に残る事柄を教えてください。
2．インドネシアの歴史について知っていますか？　知っていることを教えてください。
3．インドネシアについて知っていることを教えてください。
4．インドネシアについて知りたいことがありますか？
5．インドネシアに対してどのようなイメージを持っていますか？

メインタスク

次のケース1~3を読み，キャリアパスに関する質問に答えてください。プロフィールの最後に記載されているホームページ（HP）にもアクセスし事業内容を確認しよう。

ケース1

竹谷恵美さん（Ms. Emi TAKEYA）

プロフィール

インドネシア・ジャカルタ出身。高校卒業後までは日本人学校とインターナショナルスクールで教育を受ける。ロサンゼルスの大学を中途退学後にインドネシア大学でインドネシア語を学び，25歳から数年間日系企業に勤める。その後レストランに転職し，28歳の頃Barを経営したが失敗。その経験から不動産経営を本格的に学び始める。

現在マーケティングとマネジメントコンサルティングを行い，インドネシアのジャカルタとチカランにオフィスを持つ。「PT.TAKEYA Consulting」のプレジデント ディレクター。

Websites：MAIZON MAP, HP（www.maisonmap.com）
ARCS, HP（www.arcsguesthouse.com）

竹谷恵美さんは，コマツ（小松製作所）駐在員としてインドネシアに赴任した父親と現地で出会った母親との間に生まれる。いずれ日本に戻るだろうと考え，幼少期はインドネシア的な教育は受けず，幼稚園から小学校3年までシンガポールの日本人学校に通う。小学校3年生から中学まで静岡県三島市，高1から卒業までインドネシアの「ジャカルタ インターナショナル スクール(JIS)」に通う。

1989年（18歳）に，父親がインドネシアに再赴任したことからインドネシア語を学び始める。高校卒業後，ロサンゼルスの大学に入学したが，21歳の時に中途退学し，23歳から25歳までインドネシア大学の外国人向けインドネシア語コース（BIPA）に通う。

25歳の時，ジャカルタ郊外チカランの電子機器メーカー「ヒロセ電機」に一般事務職で就職し，26歳まで働く。その後，同じくチカランの「三洋コンプレッサー」の副社長秘書として27歳まで1年間総務，経理等を手伝う。

工場勤務は向いてないと考え，ジャカルタ，ロンドン，タイ，上海に支店を持ち，インド料理とタイ料理を展開する欧米人向けレストランに転職する。昼はPR，イベントプロモーション担当の事務職として働き，夜はBar「Face」で働く（約1年，28歳まで）。

27歳の時に，駐在日本人向けアパート仲介の不動産会社「メゾンマップ（Maison Map）不動産」を設立。従業員2名と3名でのスタートする。インタビューを行った2018年当時，従業員は35名。他にインドネシア人オーナーが所有する日本人駐在員単身者用ゲストハウス「Arcs Guest House」でコンサルテーションを行っている。

28歳の時に，レストランでの勤務経験を活かし約10名の出資者でBarを開業する。この時に現在の夫と知り合う。Barは在庫管理，税金など会社経営に関する経験，知識のなさから失敗し，2～3年で夫に売却した。この失敗から経営，不動産の勉強を始める。

その後，結婚し2人の子供を出産。2010年に縁日祭を夫が始めたことがきっかけで，コスプレーヤーと出会う。

妊娠中（33歳）に，デジタル系の夜間学校に通う。ドキュメンタリーの授業を通じ，毎年名古屋で開催されるコスプレの世界大会「世界コスプレサミット」には，世界大会が認めるような大会を勝ち抜いてきた人しか参加できないことを知る（2018年時点で35カ国参加）。インドネシアにそうした大会がなかったので，大会を作り，2012年から世界大会に参加するようになる。2012年，2014年は世界第3位，2016年に世界一を獲得する。

2018年にメイク（ファンデーション）の新会社を設立したが，その後メイク事業から撤退した。

夫との仕事上のつながりは，週1回の経理ミーティングと縁日祭の事務局の運営程度である。

初職でのメンターは，特になし。現在のメンターは夫である。

仕事上のネットワークは，日系の不動産デベロッパーとインドネシアの財閥系の経営者。

私生活のネットワークは，仕事と完全に一体化しており，Pop Culture系が多く，いろいろな人に会っている。不動産業の方はスタッフも多く，日本人も4名いて任せられるが，イベント分野は常に新しいものを探していないといけないので，かなり私生活の時間を使っている。子供は両親の強い希望によりインドネシアの日本人学校に通わせている。

職務満足度は，お金持ちではないが幸せで恵まれていると考えており，仕事と生活が一体化している。仕事満足度，生活満足度，総合満足度はすべて5である。

日本で働いた経験は，アルバイト程度。Barを辞めて不動産会社を立ち上げるまでの約4カ月，静岡県沼津市で友人が立ち上げたライブハウスを手伝った程度である。

キャリアアンカーはない。女性なのでポジションなどの志向は全くないが，その分野では一番でありたいと思っている。たくさんの人の中での競争は好まない。現在の仕事はすべてニッチな分野で行っている。仕事は生活の一部になっているので，会社で偉そうな態度を取ったり，スタッフが幸せでなかったりするのは好きではない。

お金については，あったほうが良いが，管理が必要と考えている。またビジネスを始める時にお金はない方が良いと考えている。

不動産業の開業資金は，ほぼゼロ（車，FAXのみ）。

起業について相談はしていない。それまでが働きすぎと感じ，会社設立を考えた。結婚，出産を積極的に考えていなかったが，両親から子育てを支援するとの申し出があり，結婚，出産した。

心配事はしない方，楽観的である。夫とは基本的に気が合う。お互いに干渉しないことが良いと述べた。

竹谷恵美さんのキャリアパス

21	ロサンゼルスの大学を中途退学
23	インドネシア大学で外国人用のインドネシア語コース（BIPA）に通う
25	ジャカルタ郊外のチカランのヒロセ電機に就職
26	チカランの三洋コンプレッサーに転職
27	レストランに転職。昼は事務職（PR，プロモーション），夜はレストランの Bar で働く。駐在日本人向けアパート仲介の不動産会社「メゾン・マップ（Maison Map）不動産」を設立する
28	レストランの経験を活かし，約 10 名の出資者で Bar を開業したが失敗。これをきっかけに独学で経営の勉強を始める
33	不動産業を継続しながら，夜間学校通学をきっかけに，コスプレ世界大会出場を目指し，インドネシアで大会を設立。2016 年に世界一を獲得する
現在	コスプレのネットワークを活かしたメイクの新会社を設立したが撤退。事業を継続・拡大させている

ケース１のキャリアパスに関する質問

1．恵美さんは主に海外で教育を受けました。海外で教育を受けるプラス面とマイナス面について自分で考えて説明してください。
2．恵美さんはなぜ，アメリカの大学を中退し，インドネシア・ジャカルタでインドネシア語を学んだと思いますか？
3．恵美さんは妊娠中にデジタル系の夜間学校に通い，ウェブ分野の技術を修得しました。このことから，竹谷恵美さんはどのような人であると思いますか？
4．恵美さんはコスプレ・世界大会とビジネスをどのように結び付けていますか？
5．縁日祭を開催するにはどのような準備が必要であると思いますか？

ケース2

竹谷大世さん (Mr. Daisei TAKEYA)

プロフィール

インドネシア，ジャカルタ生まれ。駐在員の父親に伴い，10 歳までジャカルタ在住。現地の日本人学校に通う。

10 歳の時横浜の祖母の元に預けられ，私立商業工業高校の普通科を卒業。高校卒業後は日本料理の料理人を目指す。日本で料理人として働いた後，26 歳の時，母親の住むジャカルタを訪問したことがきっかけで，母親の仕事を手伝う。ジャカルタで起業する。ジャカルタで妻となる恵美さんと出会い，結婚。

現在，DAISEI GROUP CEO。「キラキラ銀座」，「じゃかるた市場」などの飲食店 17 店舗を展開。インドネシア国籍取得。

Website：DAISEI GROUP（https://daiseigroup.info）

竹谷大世さんは，私立高校卒業後 18 歳で料理人の道を選び，住み込みで働ける戸塚の大衆割烹店に 2 年（20 歳まで），東京銀座の京懐石で 1 年間修業を積む。

その後将来の独立を考え，麻布十番のふぐ料理店に移り，帳簿や原価計算など経営の基本を覚える。2 年目に支店の板長店長を任される。

上記店に通算 5 年間（26 歳まで）勤めたが，日本人で料理人が独立する機会が少ないことが判り，日本での限界を感じる。

料理人板長として 8 年間働いたこともあり，充電のため 1 年間のバック・パッカーを決意する。その旅行中の 2001 年（26 歳）に，前年に母親が単身ジャカルタに戻って始めた居酒屋「キラキラ銀座」を訪ねたところ，味の改良が必要と判り，これまでの経験を活かす形でレシピや料理の仕方，従業員の待遇の改善に取り組んだ。結果として，現地の日本人の間に美味しい店との評判が広まり，来店者が増え，従業員にも感謝される経験をする。

ニューヨークに行きたいとの夢はあったが，先進国の競争社会に疲れていたこともあり，開発途上国で人に感謝されることが自分の使命なのではと考え，後者の生き方を選択し，2002 年にジャカルタで事業展開を始める。

インドネシアでは外国人は会社を設立することができないため，Nominee

（名義代理人）を立てての出店が普通である。しかし，2003年（28歳）の時に，Nomineeを立てずにPMA（外国資本会社）として自己資金で「RAMEN38（らーめん　さんぱち）」を始める。初期投資は1000万円（自己資金600万円，共同事業主2名で400万円）。売上をもとに新規出店したが，利益は分配しない方式を取る。一時は通算42店舗（すべて飲食）に拡大していたが，インタビューを行った2018年には17店舗に縮小していた。出店にあたってはインドネシア人に出資を募ったこともあるが，フランチャイズ展開は上手くいかず，2010年からのモール出店では権利使用権（royalty）を使った経営の難しさも経験した。しかしこれらの学びを活かして，現在の食（レストラン），リテール（原材料の卸売り小売り，調味料の輸入），ロジスティクス（愛知県のダイセイグループとの合弁運送業）を作り，スーパー「じゃかるた市場」を創設する。

現在，日本人経営の八百屋・魚屋のテナント，DAISEIのパン屋，徳島県「西阿波ビーフ」の小売りおよびその素材をもとに惣菜事業を展開している。

今後eコマースを行う予定だが，外資の限界も感じている。eコマースの事業展開のため，また自社および社員450人を守るために帰化を申請し，2019年に帰化が認められた。自社の事業を完結させたい，と述べた。

竹谷さんの初職でのメンターは料理人時代の親方。現在のメンターは妻（不動産業・コンサルタント，ジャカルタで出会い結婚）である。

仕事上のネットワークは，15名のマネジメント・チーム（日本人5人，現地スタッフ10人），私生活でのネットワークは，家族，縁日祭のネットワーク，空手，和太鼓，ソフトボールなどである。

職務の満足度は5点満足度の中の4，生活満足度4，総合満足度4。中でも職務満足度が高いことが最重要と考えている。また日本での勤務経験は有益だったと考えている。

竹谷さんのキャリアアンカーは，「独立自尊の上で，滅私奉公する」であり，働くことにおいて所得はあまり重要ではなく，やりがいと人間関係に重きを置いている。

起業に関しては妻に相談した。

現在の懸案事項はなく，大変なことは乗り越えた，と感じている。

竹谷大世さんのキャリアパス

18	私立商業工業高校卒業。横浜市戸塚区にある大衆割烹店に就職
20	東京銀座　京懐石料理店に就職
21	麻布十番　ふぐ料理店に就職
23	ふぐ料理店の四谷三丁目支店の板長店長を任される
26	母親の店を訪ねにジャカルタを訪問する
27	ジャカルタで飲食の事業展開を始める
28	PMA（海外投資企業）とし，自己資金で「RAMEN38」を起業。最大 42 店舗まで事業を拡大する。
現在	DAISEI GROUP CEO として事業を拡大中

ケース2のキャリアパスに関する質問

1. 竹谷さんはなぜ，日本の祖母に預けられたと思いますか？
2. 竹谷さんが日本での料理人の仕事を辞めて，バック・パッカーとして旅行した理由を教えてください。バック・パッカーとはどういう人ですか？
3. 竹谷さんはなぜ，目的地であったニューヨークに行かず，インドネシアに留まったのでしょうか？
4. なぜインドネシアで会社を興す時，社長はインドネシア人でなければならないのでしょうか？　通常，外国人はどのようにインドネシアで会社を設立していますか？
5. なぜ竹谷さんは国籍をインドネシアに変更（帰化）したのでしょうか？　その理由を教えてください。

ケース3

三好辰也さん（Mr. Tatsuya MIYOSHI）

プロフィール

山口県下関市出身。高校まで山口県で過ごす。早稲田大学理工学部経営システム学科入学・卒業。東京のインターネット広告代理店「アイレップ（irep）」に就職。インターネット マーケティングのストラテジストとして3年半働く。27歳の時，先輩の紹介で現在の共同パートナーと知り合い，ベトナム，ホーチミンで起業（教えを請いながらの半独立）。現在ジャカルタで「Lifenesia」の共同経営など，インドネシア，ベトナム，シンガポールの3つのメディア事業をCEO，もしくは共同経営者として展開。

Websites：INDONESIA PT Kluplat Media（Lifenesia）（https://lifenesia.com）
VIETNAM Sunrise Advertising Solutions Co Ltd.（週刊 Vetter）（http://www.wkvetter.com/）
SINGAPORE Fifty One Media Pte Ltd.（Singalife）（https://singalife.com）

三好辰也さんは，大学卒業後，広告代理店に就職。3年半後に共同パートナーと知り合い，ベトナム・ホーチミン市で起業する。事業内容は週刊のフリーペーパーの発行である。インタビューを行った2018年当時，ベトナムで日本語週刊紙の発行は，この一紙のみであった。スタッフは，アイレップの時の同僚と，他に日本人2人，ベトナム人3人でスタートした。開業資金は1000万円（10万ドル）。ハワイの共同経営者が100%出資。のちに部分的に買い取らせてもらう。ベトナムには2012年まで2年間滞在した。

ベトナムでの2年間は修業期間と捉え，共同経営者の言うとおりにすることでまずは学び，学んだことを活かして違う国で同じ事業を実施することを決める。

2013年，29歳の時にジャカルタに住まいを移す。理由は，ジャカルタには日本語のフリーペーパーが少なかったこと，人のためにもなり，ビジネスとして成功するこの事業を自分の資本で経営したいと考えたからである。加えて，ニューヨークや上海，ハワイで大成功している共同経営者のようになりたいと考えたからである。

なぜジャカルタだったかは共同経営者となんとなくの話から選択した。この時の開業資金は親に借金し，現在は完済している。従業員は15人（日本人3

名，インドネシア人12名）。

事業は，現地ニュース，レストラン・美容情報など，大きく分けてビジネス情報と生活情報で構成される週刊フリーペーパーの発行である。事業形態は，発行ライセンスを持ち発行すると共に広告営業のみに特化し，編集（記事作り）を外注していることが特徴である。すなわち営業，配送スタッフ，バックオフィスしかない。理由は，フリーペーパーの顧客は広告主であり，そこに人材リソースを注入するという考えからである。究極的にはまず広告を入れ，余ったスペースに記事を入れる紙面構成を行っている。

2018年（インタビュー当時）までに開始から5年が経過した。創刊2カ月目で単月黒字，12カ月（1年）で累積黒字となり，1年半で投資額は取り戻した。

三好さんの初職のメンターはアイレップの直属上司で，外資系コンサルタントからの中途採用で入社した5歳上の男性である。元上司には感謝しており，彼からの助言は今に活きている。現在もメールでのつながりがある。

現在のメンターは3人。

① ハワイ在住のビジネスパートナー。年齢は一回り上で，アメリカの高校・大学を卒業している。新卒で日本へ戻り，リクルートに就職する。リクルートに2年間勤務した後アメリカへ戻る。高校からアメリカにいるため考え方や発想が日本人と異なる。

② ベトナム・ハノイの老舗の日本食オーナー。日本人がアジアでビジネスをする時に大切な現地の人との付き合い方，採用の仕方など多くを学んだ。

③ インドネシアで自営業をしている日本人。この人は叱ってくれる存在である。

仕事上のネットワークは，インドネシアでの起業家で，日本人とインドネシア人が半々。私生活のネットワークも経営者が多く，仕事と一体化している。

今は仕事の満足度が優先と考えるが，仕事満足度は2，生活満足度は3，総合満足度は2.5。理由はやりたいことがたくさんあるためである。

日本での勤務経験はなくても良かったが，最初のメンターと会えたことは良かった，と考えている。同じような人と海外で出会えるのであれば日本で働く必要はないとも考えている。また最低限のマナーなど知っていて役に立ったと言えるかもしれないが，それも海外で習得できると思うと答えた。三好さんのキャリアアンカーは，「小さな信頼の積み重ねが大きなビジネスになる」である。

報酬に対しては，「商売で会社が儲かる＝誰かに喜んでもらえている」ことであり，「報酬が増える＝社会貢献につながる」と考えている。報酬が増える＝お金が好きという考えは社会貢献に必要なことである。自分が受けた恩を，次の世代に返したいと考えている。インドネシアでの開業資金は，1000万円（10万ドル）で，その内500万（100万円が自分，400万が親からの借金）は自分で用意し，残りの500万円はハワイの共同経営者からの出資であった。借入金はすでに完済している。

起業に関しては，共同経営者と書面で取り交わしている。配当は50%ずつ。役割分担も書面で取り決めを行っている。利益を上げれば上げるほど各人の配当も増えるという考え方を採用している。起業についての相談者は，共同経営者である。懸案事項は，特になし。

大学の時に3週間ニュージーランドに語学留学を経験し，13歳の時に母の勧めで単身アメリカ・シカゴとカナダ・トロントにホームステイをした。この経験が後々，海外で働くことにつながっていると考えている。幼少期から皆がやらないことをやりたい，人が行きたがらないところに行きたいとの考え方を持っている。

追記：インタビューを行った2018年には，ベトナムで会社を設立したいと語った。実際，2020年にベトナムで会社を設立した。

三好辰也さんのキャリアパス

19	早稲田大学理工学部経営システム学科入学
23	株式会社アイレップ（irep）に就職
27	独立。ベトナムのホーチミン市でフリーペーパーの会社を起業
29	インドネシアのジャカルタに移り，フリーペーパー「Lifenesia」創刊
現在	インドネシア，ベトナム，シンガポールで事業を拡大中

ケース３のキャリアパスに関する質問

1. 三好さんはなぜ，最初にベトナムで起業したのでしょうか？
2. 海外に住む外国人は「フリーペーパー（free paper）を生活の中で使っています。フリーペーパーとは何ですか？　発行者はどのように利益を得ていますか？
3. 三好さんは「フリーペーパー」ビジネスを始めるに際し，開業資金をどのように調達しましたか。その仕組みを説明してください。
4. 三好さんのキャリアアンカー「小さな信頼の積み重ねが大きなビジネスになる」について具体的に説明してください。
5. 三好さんにはどのようなメンターがいますか？　三好さんはメンターからどのようなことを学んでいますか？

Section C：学習を深めるタスクにチャレンジしよう！

次の事柄についてレポートを作成しよう

仕事や人生において，自分を表現するための「アイデンティティ（identity），自分らしさ」や「大切にしたい事柄」について考え，レポートとして提出してください。

【参考文献】

キムデソン（2013）『インドネシアのことがマンガで３時間でわかる本』明日香出版社。

佐藤百合（2011）『経済大国 インドネシア』中公新書。

地球の歩き方編集室編（2020）『地球の歩き方 インドネシア 2020-2021』地球の歩き方。

第6章

フィリピン

この章の全体テーマ：開業資金の獲得方法

クラウド・ファンディングを知っていますか？

30歳までに300万円貯蓄できますか？

人口	108百万人（2019）
面積	300千km^2
GDP/一人当たり	3,485USドル（2019）
宗教	キリスト教

The World Bank Development Indicators

Section A：フィリピンについて学習しよう！

フィリピンについての事前学習

下記の質問から1つ選び，インターネットや図書館で調べてみよう。参考にした資料の出所や URL も記載しよう。

1．フィリピンはどんな国か調べよう。
2．フィリピンと日本の関係を調べよう。
3．フィリピンの文化や社会について調べてみよう。

フィリピン概観

フィリピン（正式名称フィリピン共和国）は東南アジアに位置する立憲共和制の国であり，首都はマニラ市。フィリピンは7000以上の島から構成されている。公用語はフィリピン語（タガログ語）と英語である。通貨はフィリピン・ペソ。国民の80％はキリスト教徒（カトリック）である。

フィリピンの歴史は古代から多様な民族の流入によって織りなされてきた。14世紀には中国や東南アジア諸国との貿易で栄えたが，16世紀にスペインの植民地になった。一時期，独立を果たすが，フィリピンはアメリカ合衆国の支配下に置かれた。第2次世界大戦中に日本がフィリピンを植民地化したが，1945年の終戦を経てフィリピンは1946年に独立する。

フィリピンの経済は，輸出への依存度が低いが，消費は比較的堅調である。自国経済は，約1000万人の出稼ぎ労働者による海外からフィリピンへの仕送りと急成長するサービス業により支えられている。フィリピンは他の東南アジア新興国と同様に基本的には農業国であり，全人口の約40％が第一次産業に従事している。熱帯に属することから多種多様な作物を作ることが可能で，サトウキビ，ココナッツ，マニラ麻，タバコ，バナナなどの生産が盛んである。工業の中心は食品加工，製糖，製剤，繊維などの軽工業である。

ビジネス・プロセス・アウトソーシング（BPO）は観光と並び，今後最も成長すると見込まれている。特にコールセンター業が有名である。

Section B：フィリピンで活躍する起業家を学習しよう！

ケースを学習する前のタスク

1. フィリピンに行ったことはありますか？　何時，どこを訪問しましたか？　印象に残る事柄を教えてください。
2. フィリピンについて知っていることを教えてください。
3. フィリピンに対してどのようなイメージを持っていますか？　また知りたいことがあったら教えてください。

メインタスク

次のケースを読み，キャリアパスに関する質問に答えてください。プロフィールの最後に記載されているホームページ（HP）にもアクセスし事業内容を確認しよう。

ケース1

鈴木廣政さん（Mr. Hiromasa SUZUKI）

プロフィール

愛知県額田郡幸田町出身。家族は専業主婦の妻（日本人）と，子供２人。家族は日本で暮らし，鈴木さんが日本とフィリピンを行ったり来たりしている。

愛知県の公立小を卒業後，父親の転勤で富山県の公立中学を卒業。愛知県に戻り公立高校で学ぶ。大原簿記専門学校卒業。20歳で起業。

フィリピンのGlobal Strategy Real estate, Inc.（旧（株）ハロハロホーム）創業者，会長。

Websites：http://www.gsr-ph.com/
http://www.gsr-jp.com/

鈴木さんの父親はサラリーマン，母親はパートタイマーで仕事をしていた。兄弟は姉１人。専門学校在学中に，愛知県岡崎市の洋服店にアルバイトで入り，卒業後，その店にそのまま就職する。

2000年に，その店舗で洋服のセレクトショップを始める。その間にブランド「MORE Gauche II」を立ち上げ，卸と製造を行った。

23歳（2003年）の時に取引先が夜逃げをし，会社は6億円程度の借金を負った。その負債の洋服店を引き継ぎ，起業する。26歳頃に借金を完済する。28歳頃，その洋服店を店長に譲渡する。

上記洋服店の開業に際し，資金は親から250万円を借りた。洋服を仕入れる資金がなかったため，約3000着の古着を友人からもらい受け，駅前の広場で委託販売を行った。月40～50万円ほどの利益があった。ブランドの服が良く売れた時代で，時代のニーズに合っていたと思われる。この間に「Monogram」のプリントTシャツの卸と製造など，いろいろな事業を展開した。

2005年くらいに，ある程度債務整理を終え，フィリピンに息抜きに行き始めた。国の活気，フィリピン人の温かさ，4色プリントのTシャツが50円で販売されていること，フィリピンの流通事情などにも衝撃を受け，魅力を感じ，フィリピンでの起業を考え始める。

知人とのつき合いから為替の差益を発見し，為替による資金運用から貯蓄ができ，Webのマーケティング会社を日本で創業する。そこでeコマースや販売のための仕掛けを通じ，さまざまなマーケティング手法を学ぶ。

eコマース事業等を経て，2010年にフィリピン，マニラ市で共同経営者とHallohallo Inc.を創業し，eコマース事業を展開する。

その間，不動産事業の将来性を考え，2014年にHallohallo Home Inc.をフィリピンのマニラ市で創業する。開業資金は自己資金の約5000万円。その後，社名をGlobal Strategy Real estate, Inc.に変更し，事業を拡大させている。

フィリピンで創業する場合，さまざまな制約がある。フィリピンの法律では，不動産業界や飲食業界で起業する場合，社長が現地人でなければならない。しかし，もともとフィリピンになかったインターネットやコールセンターなどの業種は規制が緩やかで，インターネット業界での起業では規制はなかった。

現在フィリピンの経済成長は著しく，不動産ラッシュと人材派遣事業などで，働く場所が豊富にある。鈴木さんの会社はコールセンター事業を行っていないが，現在フィリピンはコールセンター事業で世界一であり，セブ島が中心地となっている。

初職のメンターは，いない。すべて自分で決めていた。現在のメンターは，いない。共同経営者と相談しながら意思決定を行っているが，メンターではない。仕事上のネットワークは，日本の個人投資家・事業家，会社従業員，エージェント。私生活のネットワークは，子供たち。趣味と仕事が完全に一致している。利害のないつながりは好きではない。利害が一致する中で人間的に信頼ができる仲間とつきあいたいと考えている。家族との旅行は定期的にしている。

仕事をしている感覚がなく，日本の将来のために，日本人の失われた信頼関係を海外にいることでより深いレベルで構築したいと考えている。その延長線上にたまたまフィリピンで必要な事業をしているという考え方である。長い人生を線で見て，さらに面で事業を展開していくことを考えている。不動産・人材・株式投資を最適化するために必要な事業を面で捕らえている。日本を意識するために海外にいる。日本をどのように支え，その仕組みづくりを常に考えている。

フィリピンで事業を行うことの決め手はホスピタリティであり，昭和に置いてきた，日本人に一番大事な真心の部分がフィリピンにあったことだと考えている。仕事満足度は 4，生活満足度は 4，総合満足度は 4。

日本での勤務経験は，有益だと考えている。二国間での事業展開は単純ではないが，物価等の基準が分かり差分が取れることや，感性の世界での過去の経験が役立っている。座右の銘は，「磨斧作針（まふさくしん）」で，「どんなに難しくても根気よく続ければ成功する」という意味がある。

所得に対しては，重要ではない。仲間の数＝価値と考える。困ったときに助けてもらえる環境を作ること，ありがとうの数＝所得という考え方である。重要なのは信頼関係であり，それが将来につながることが大切だと考えている。

開業資金は，350 万円。フリーマーケットと洋服の路上販売で貯めた自己資金 100 万円，250 万円は親から借金したが，返済済み。

起業については，誰にも相談していない。自己啓発は，特にないが，コンサルタントを雇う，読書，いろいろなニュース，データを見ることはしている。懸案事項は，外に出てチャレンジする人材が少ないこと。日本の国民が幼稚化していること，思考の格差が相当出ていることなどである。

鈴木廣政さんのキャリアパス

18	高校卒業。専門学校で会計を学ぶ。洋服屋でアルバイトをする
20	アルバイト先の会社に就職。洋服のセレクトショップを創業，OEM製造・販売
25	フィリピンを訪問
26	新たなブランド会社創設，Webマーケティング会社創設
31	フィリピンで不動産会社を創設する。Eコマース，飲食店等を経営
現在	事業を拡大中

ケース1のキャリアパスに関する質問

1. 鈴木さんが専門学校で学んだことは現在の事業展開でどのように役に立っていると思いますか？
2. 鈴木さんはなぜ，倒産した洋服店を引き継ぐことを決めたと思いますか？
3. 鈴木さんが新たな創業の場所としてフィリピンを選んだ理由を教えてください。
4. 鈴木さんはフィリピンでの創業資金5000万円をどのように調達しましたか？
5. 鈴木さんのキャリアアンカー「磨斧作針」の意味を具体的に説明してください。

Section C：学習を深めるタスクにチャレンジしよう！

次の事柄についてレポートを作成しよう

ケースにはありませんが，開業資金の獲得方法としてクラウドファンディングがあります。グーグルなどの検索エンジンを使い，「READYFOR」などのクラウドファンディングのサイトにアクセスしてください。その中で興味のあるプロジェクト事例を1つを選択し，概要をレポートとして提出してください。

【参考文献】

鈴木廣政・他（2016）『億万長者になりたければ，フィリピン不動産を買いなさい』幻冬舎。
地球の歩き方編集室編（2020）『地球の歩き方 フィリピン』地球の歩き方。

第7章

ベトナム

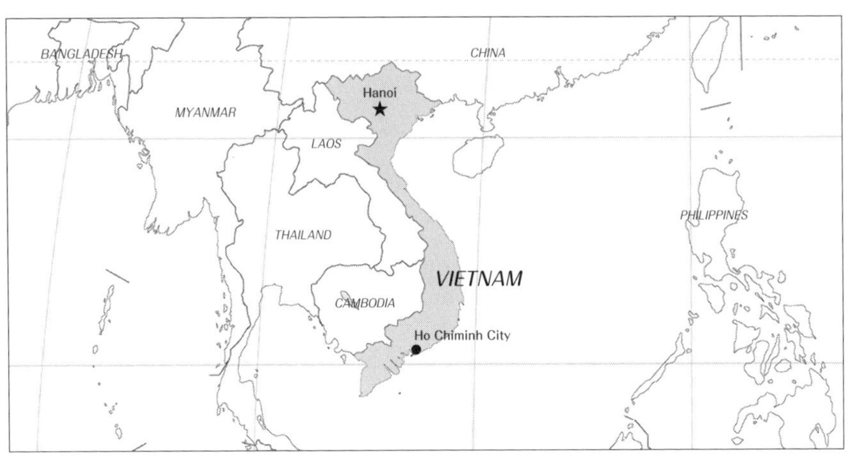

この章の全体テーマ：日本での職務経験

日本での職務経験の重要性を考えよう！

人口	96 百万人（2019）
面積	331 千 km^2
GDP/ 一人当たり	2,715US ドル（2019）
宗教	仏教（大乗仏教）

The World Bank Development Indicators

Section A：ベトナムについて学習しよう！

ベトナムについての事前学習

下記の質問から1つ選び，インターネットや図書館で調べてみよう。参考にした資料の出所やURLも記載しよう。

1．ベトナムはどんな国か調べよう。
2．ベトナムと日本の関係を調べよう。
3．ベトナムの政治体制，文化や社会について調べてみよう。

ベトナム概観

ベトナム（正式名称はベトナム社会主義共和国）は東南アジアのインドシナ半島東部に位置する社会主義共和国である。首都はハノイ。政治はベトナム共産党による一党独裁体制である。ASEAN（東南アジア諸国連合）加盟国。言語はベトナム語で通貨はドン。

歴史を概観すると，王朝支配を経て19世紀後半にフランスの植民地となる。第2次世界大戦中は日本が植民地とし，支配した。第2次世界大戦後，国土は共産主義陣営の北ベトナムと資本主義陣営の南ベトナムに別れベトナム戦争が行われたが，1976年に統一国家となる。

経済面では，1978年のカンボジア侵攻後に経済危機に直面したが，1986年にドイモイ政策を打ち出し経済の自由化を進め，成功した。特に南部に位置する最大の都市ホーチミン市を中心とする経済発展は目覚ましい。労働人口の66%が第一次産業に従事しているが，近年は第二次産業，第三次産業が急成長している。近年，観光業の成長が著しく，重要な外貨獲得源になっている。主な輸出品目は原油，衣料品，農水産物である。コメの輸出は，インド，タイに次ぐ世界第3位。カシューナッツ，黒コショウの生産は世界の1/3を占め第1位。コーヒー，茶，ゴム，魚製品の輸出も多い。

住民はキン族（ベトナム人）が86%を占めているが，50を超える少数民族も生活している。宗教は仏教徒が多い。

Section B：ベトナムで活躍する起業家を学習しよう！

ケースを学習する前のタスク

1．ベトナムに行ったことはありますか？　何時，どこを訪問しましたか？　印象に残る事柄を教えてください。
2．ベトナムの歴史について知っていますか？　知っていることを教えてください。
3．ベトナムについてどんなことを知っていますか？
4．ベトナムに対してどのようなイメージを持っていますか？
5．ベトナムは，特にホーチミン市は経済発展がめざましいと言われています。その理由は？

メインタスク

次のケース1～3を読み，キャリアパスに関する質問に答えてください。プロフィールの最後に記載されているホームページ（HP）にもアクセスし事業内容を確認しよう。

ケース1

掛谷知秀さん (Mr. Tomohide KAKEYA)

プロフィール

福岡県出身。九州大学工学部電気情報工学科卒，九州大学大学院システム情報科学府修了。現在，ベトナム・ハノイ市で，株式会社スクーティーCEO＆創業者。

Website：株式会社スクーティ（https://www.scuti.jp/）

掛谷知秀さんは，大学院修了後，2005～2008年まで3年半，栃木県宇都宮市にあるキヤノンの光学技術研究所で一眼レフカメラの交換レンズの開発に従事する。

2008年，Google，Yahoo，Facebookなどの広告代理店で，業界大手のインターネット広告会社「株式会社セプテーニ」に転職する。開発部（その後，事業開発本部）に所属し，広告の管理や最適化をするアプリケーションなどの開発を担当する。

2012年に，ベトナムのIT隆盛を考慮し，エンジニアのリソース確保のためベトナム・ハノイにソフトウェア開発子会社を構える会社からの意向で，子会社の立ち上げと現地法人代表として派遣され，帰国辞令が出た2015年まで勤務する。現地法人に勤務する従業員数は，退職時50名程であった。

2015年に，プログラミング言語PHPに特化したベトナムのオフショア開発サービスを提供する「株式会社スクーティー」を起業する。自分が外国人のため，パートナーの名前を借り起業した。従業員はエンジニア11名，事業開発責任者1名，バックオフィス2名の14名。

家族では3人兄弟の長男で弟が2人いる。父親はシステムエンジニアや一時カメラマンとして仕事をしていた。母方は自営だが，生い立ちから起業の影響はあまり受けていないと考える。元々独立および海外志向が強かった。

初職の時，研修の担当主任（エンジニア），本配属の時の主任と先輩格の2名が面倒を見てくれた。現在のメンターは，明確にはいないが，何かあった時に相談できる経営者，起業家仲間はいる。

仕事上のネットワークは，現地法人の経営者，クライアントの企業である。業種はIT系。私生活のネットワークは週1回のテニス仲間以外，ほとんど仕事関係である。

起業家として始めた以上は，起業以外のことに時間を取ろうと考えたことはない。結果は伴っていないが起業については満足しているため，仕事満足度は4，生活満足度は3，総合満足度は4。日本での勤務経験は，株式会社セプテーニでの経験は有益だった。キヤノンは業種が違い，大企業のため，有益だったのは新人研修のビジネスマナー程度である。

座右の銘は，リクルート元社長江副浩正氏の「自ら機会を創り出し，機会によって自らを変えよ」。

所得の減少に関しては，現地法人の時の1/8に減少した。現在の所得は意図して最小限にしているため800ドル／月である。開業資金は，日本とベトナム合わせて，貯蓄で得た自己資金の150万円である。起業について事前に相談はしていない。懸案事項は資金繰りである。まだ安定しないため注視しているとのこと。その他はなし。

掛谷知秀さんのキャリアパス

18	九州大学工学部電気情報工学科入学
24	九州大学大学院システム情報科学府修了。キヤノンの光学技術研究所（宇都宮）に配属
28	インターネット広告会社「株式会社セプテーニ」に転職
32	ベトナム・ハノイに子会社の立ち上げと現地法人代表として派遣される。2015年まで勤務
35	独立。「株式会社スクーティー」を起業
現在	事業を拡大中

ケース１のキャリアパスに関する質問

1. 掛谷さんは転職した広告会社でどのような仕事をしたと思いますか？　広告会社の業務内容を調べて，説明してください。
2. 海外の子会社を成功させるにはどのような能力が求められると思いますか？想像力を働かせて回答してください。
3. 掛谷さんはなぜ，日本に戻らずにベトナムで起業することを決めたと思いますか？　その理由を説明してください。
4. 掛谷さんは開業資金どのように入手しましたか？
5. 掛谷さんのキャリアアンカー「自ら機会を創り出し，機会によって自らを変えよ」を具体的に説明してください。

ケース2

勝　恵美さん (Ms. Megumi KATSU)

プロフィール

岐阜県出身。家族は旅行会社に勤務する日本人の夫。

岐阜県の公立小・中・商業高校で学ぶ。早稲田大学社会科学部卒業（22 歳）。

現在「More Production Vietnam」CEO・Chief Producer

Websites：More Production（http://morevietnam.com/）

個人サイト（http://katsumegumi.com）

勝恵美さんは，1999年に大学卒業後，同年4月に名古屋テレビTVCM制作会社「映像BOX」に就職し，TVCMの企画を担当する。2001年まで2年間勤務する。

退職後，東京の写真専門学校（夜間）に入学し，昼は派遣社員として働く。2002年3月に1年で休学した。現在は除籍になっていると思われる。

2002年にベトナム師範大学でベトナム語を学ぶため，学生ビザでベトナムに滞在する。大学から短期プログラムの修了証を得ている。

修了後，もっとベトナムに滞在したいと思い，2003年1月に旅行会社「APEXインターナショナル」（本社ホーチミン市）の旅行部門でアルバイトとして働く。仕事は旅行手配や顧客のケアなど事務一般であった。

半年後の2003年8月に正規職員として採用される。もともと雑誌（写真・映像）を作りたいと思っていたところ，ベトナムの情報を日本に発信する同社のフリーペーパー『スケッチ』の編集部に空席が出たので旅行部門と兼務する。フリーペーパーの仕事が大きくなり，マネージャー，発行責任者として同社のハノイ編集部を立ち上げる。フリーペーパー部門は最初勝さん1名であったが，インタビュー時は15人であった。

上記の仕事を2013年まで務めたが，会社の人事問題等があり，勝さんは旅行部門に戻る。

当時，会長から独立を勧められたことと，『スケッチ』で一緒に仕事をし，来越当初にホームステイをしていたベトナム人の友人（女性）から一緒に起業しようと勧められ，2013年に彼女を名義人として「More Production」を設立（起業）する。

「More Production」の従業員は現在15名。加えて，読者が必要としているリアルな情報を得たいと考え，カフェ「安南パーラー」を運営している。カフェは正社員の従業員が7名，アルバイトが2名である。

「More Production」の事業内容は，企画制作，広告誌の制作・広告掲載，広告代理店との交渉・調整業務，社会貢献事業，ベトナム土産企画販売・ベトナムカフェ運営である。

詳しく説明すると，自社制作媒体への広告アレンジ，ベトナム人向け広告企画立案と契約代理業務，ベトナム語のFacebook立ち上げと運営管理，現地日本語フリーペーパーとウェブへの広告企画立案と契約代理，マーケティング，イベントの実施などである。日本語の絵本のベトナム語への翻訳・出版も行っている。

初職のメンターは，いない。現在のメンターは，ベトナム人の共同経営者，夫。

仕事上のネットワークは，ベトナム航空機内誌のスポンサー，絵本の関係者，ベトナム日本商工会議所関係（理事メンバー），稲門会（とうもんかい）（早稲田大学の卒業生の団体），早稲田大学坪井教授（日本語の絵本をベトナム語に翻訳する仕事関係）。公的機関とのつながり，働く女子会のつながり，県人会など。私生活のネットワークは，仕事と一体化している。仕事満足度は最も重要と考えている。日本での勤務経験は，有益である。

座右の銘は，「常に笑顔」である。大きな幸せよりちょっとした幸せは身近にあると考え，常に働きやすい環境づくりを目指している。所得の減少には，こだわらない。好きを突き詰めている。

開業資金は，「More Production」が5万ドル，カフェが4万ドルで，カフェでは利益が出ており，配当が出ている。開業に向けての準備は，特に何もしていない。『スケッチ』ハノイ編集部立ち上げの仕事が，キャリア形成の基礎となり，準備となったと現在は考えている。『スケッチ』では1カ月2000ドルの売り上げを4万ドルにした。「More Production」設立後はゼロからスタッフを雇っている。起業について事前に相談はしていない。会長の後押し，共同経営者の勧めが大きいと考えている。

仕事満足度5，生活満足度5，総合満足度は5。夫の存在も起業の精神的な支えとなっている。懸案事項は，会社のスタッフが増えてきたこともあり，従業員の雇用を保証する安定した経営である。営業は勝さんが主に担当し，仕事は増えてきているが，同じように仕事ができる代わりがいない。スタッフ人事，会計・給与などは共同経営者が担当しており，勝さんは仕事に集中している。人間的な信頼関係があるので，仕事の路線拡大は勝さんがしており，マネジメントは共同経営者が担当している。好きなことを突き詰めたら，会社が必要だった。

勝恵美さんのキャリアパス

22	早稲田大学社会科学部卒業。名古屋テレビ TVCM 制作会社「映像 BOX」に就職
24	東京の写真専門学校（夜間）に入学。2002 年 3 月で休学。昼は派遣社員として勤務
26	ベトナム師範大学の短期留学プログラムでベトナム語を学習。旅行会社「APEX インターナショナル」の旅行部門で事務のアルバイト
27	同社に正社員として採用。フリーペーパー『スケッチ』の編集部と旅行部門を兼務する。同社ハノイ編集部の立ち上げに参画
37	独立し，「More Production Vietnam」を起業
38	カフェ「安南パーラー」開業
現在	事業を拡大中

? ケース2のキャリアパスに関する質問

1．大学卒業後，最初の職場で勝さんはどのようなことを学んだと思いますか？
2．勝さんはなぜ，昼間に派遣社員として働き，夜間に専門学校に通ったと思いますか？
3．勝さんはどのようにしてフリーペーパーの発行部数を大幅に伸ばしたと思いますか？　想像力を働かせ，販売戦略を考えてください。
4．勝さんが起業した理由を説明してください。
5．仕事をする上で，勝さんが大切にしていると思われる事柄を述べてください。

ケース3

菊池秀徳さん（Mr. Hidenori KIKUCHI）

プロフィール

東京電機大学高等学校電子科卒業。青山レコーディングスクール専門学校卒業。コンサートのミキサー，音響の仕事に就く。専門学校で講師経験もある。現在，株式会社フライアウト企画「FLYOUT Planning」ジェネラル・マネージャー兼「CLS ENTERTAINMENT CO., LTD（旧 CLS VN Co., Ltd)」Executive Vice President

Websites：CLS ENTERTAINMENT CO., LT（https://clsupport.vn）
J-Pop fes【TOUCH】の FB（https://www.facebook.com/TouchFes）
フライアウトの Youtube（https://www.youtube.com/c/FlyoutPlanning）

菊池秀徳さんは，専門学校在学中からレコーディングの仕事に携わり，卒業後はライブの音響に関心を持ち，20歳で青山にあった音響会社に就職した。

上記会社に約2年半勤務した後，系列会社で芸能プロダクションの音響部門に異動し，22〜26歳までの3年半勤める。

所属タレントなどの音響を担当していたが，26歳（1991年）の時に，「FLYOUT フライアウト」を創業した。業務は音響，照明，出版物等である。

場所は創業が外苑前で，その後青山三丁目から表参道の骨董通りに2回引っ越した。現在骨董通りの物件は別の会社に貸し，六本木にオフィスを置き，倉庫は埼玉県八潮市にある。従業員は18人程度。

2005年3月に，初めは日本でCLS（Comfort Life Support）を設立した（40歳）。設立の目的は「何でもやって良い会社を作りたい」だった。また設立は，専門学校で音響の講師をしていた時代に台湾出身の学生がおり，その後台湾で仕事をした際に，その教え子に助けられる経験があったことがきっかけであった。台湾での経験から，通訳がいることで仕事が上手く進むこと，海外での起業も可能なことに気づいた。

その後2007〜8年に台湾で会社を創業し，翌年香港にも会社を設立した。（コンサート制作会社「CLS Entertainment」）。台湾での創業目的はライセンスの取得であった。誰もやっていないことに興味があり，当初中国茶の輸入販売を行った。

創業のきっかけは前出の台湾の教え子が，「市場で売られていないお茶」を毎年贈ってくれたことだった。その生産の仕組みを知りたいと考え，産地の畑に連れて行ってもらい，見たことのない多くの種類のお茶を知り，本物のお茶を消費者に届けたい，顔の見える（産地のわかる）お茶を販売したいと考えるようになった。

その後，そのお茶の仕入れをしながら，イベントの相談を受けるようになり，日本のミュージシャンを海外に紹介する仕事と，お茶の販売を同時に行った。

日本人であれ外国人であれ，ある一定の年齢になると，人は食べ物や観光を通じて海外に興味を持つようになる。しかし，若い人たちへの訴求は圧倒的にポップカルチャーである。日本の企業は，日系企業と東南アジアの富裕層をターゲットにしようとしているが，本物の日本ファンは，日本語を習得しようと考える若者世代であり，その層に訴求したビジネスが有効と考える。

2006年から上記を念頭に活動していた。しかし，尖閣問題で日中関係が悪化したことを契機に，2013年にベトナムに移り，「CLS VN Co., Ltd」を創業し，現在は社名を「CLS ENTERTAINMENT CO., LTD」に変更している。

事業内容は，アニメ・フェスティバルの開催と，イベント企画の請負である。イベントの開催には赤字リスクを負わなければならず，スポンサー企業の発掘も必要である。現在は，ビジネスとして成功の可否を判断できるようになっている。それはこれまでの経験値，全体的なバランス，海外だけでなく日本での実績があるからである。日本企業の海外進出には，外国人の雇用実績から，「外国人対応ができる音響・照明・映像会社」としてオンリーワンの特徴を出せると考えている。

他に，モーターショーのディレクションの仕事もしているが，日本で簡単にできることが開発途上国ではできないことが多くある。そこをお手伝いすることで，日本側の要求と現地サイドの技術をつなげる。パイプ役が存在することで仕事が上手く行くのである。

初職のメンターは，同僚もライバルだったため，いない。現在のメンターもいない。仕事と私生活は，日本を離れ海外にいる時間に遊んでいる時間はない（もったいない）と考えているので，仕事の生活が私生活であり，プライベートは必要ないと考える。

仕事上のネットワークは，本物の人。各種業界のスペシャリスト，各種イベント企画，音楽業界など。業種は問わない。一流よりも本物のスペシャリストの人に会うこと。成功体験を繰り返した人ではなく，すべての失敗を経験した人との交流も大切と考えている。

今現在の仕事満足度は3，生活満足度は3，総合満足度は3。職務満足度は，文化が違い，日本人の物差しが通用しないため，仕事上満足できるものは絶対にないと考えている。海外において日本の物差しで100点にならない。ただし，いい仕事をしたいと思っていることが結果として私生活の満足度につながると考えている。

日本での勤務経験は，非常に有益である。座右の銘は，「芯はぶれない」こと。東南アジアへ来てもしたいことは変わっていない。「自分の目で見，感じた事実を発信すること」その思いで仕事や，生活をしている。日本を理解してもらうためにはオリジナルの日本を見てもらいたい。本物しか魅力はないので，本物を伝えたい。「Touch and Try」を続ける。

懸案事項は，会社運営，人事である。ベトナムならではの仕事の仕方がある。日本人とは相いれない文化を持つ人々との仕事の運営である。

菊池秀徳さんのキャリアパス

20	青山レコーディングスクール専門学校卒業。音響会社「ラップランド」に就職
22	株式会社「芸音」の音響部門に異動。22～26歳までの3年半勤務
26	株式会社「FLYOUT フライアウト」を創業
40	日本で「Comfort Life Support（CLS)」を設立
42	台湾で「CLS Entertainment」を創業。香港でコンサート制作会社「CLS ENTERTAINMENT」を創業
48	ベトナム ホーチミンで「CLS Vietnam」を創業
現在	社名をCLS ENTERTAINMENT CO.，LTDに変更し，事業を拡大中

ケース3のキャリアパスに関する質問

1. 菊池さんの事業分野はニッチ・ビジネスと呼ばれます。ニッチ・ビジネスとはどのようなものですか？
2. 専門学校で教えていた時，どのような出会いが台湾でのビジネス，東南アジアでのビジネスにつながりましたか？
3. 菊池さんは特別，語学のトレーニングを受けていません。菊池さんはベトナムでどのように仕事を行っていると思いますか？
4. 菊池さんの仕事の将来性について，あなたの考えを述べてください。
5. 菊池さんは日本とベトナムでは仕事の仕方が異なると述べています。言語以外で，日本とベトナムにどのような文化上の違いがあると思いますか？　例を一つ挙げてください。

Section C：学習を深めるタスクにチャレンジしよう！

次の事柄についてレポートを作成しよう

ベトナムで起業するに先立ち日本でどのような職務経験を何年くらい経験することが有益と考えますか？　日本での職務経験を含んだキャリアプランを作成し，レポートとして提出してください。

【参考文献】

地球の歩き方編集室編（2020）『地球の歩き方 ベトナム 2021-2022』地球の歩き方。
福森哲也・他（2010）『ベトナムのことがマンガで3時間でわかる本』明日香出版社。

第8章

カンボジア

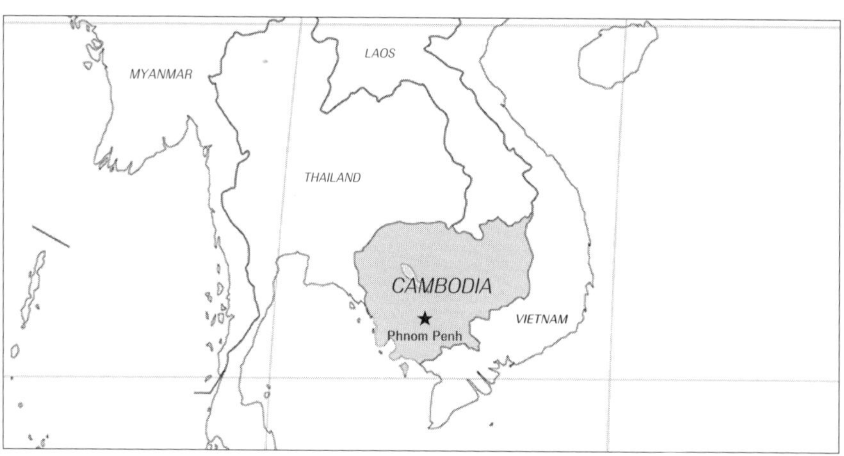

この章の全体テーマ：社会起業家

社会起業家とはどのような人ですか？

女性のエンパワーメントを通じた社会・経済発展

人口	16 百万人（2019）
面積	181 千 km^2
GDP/ 一人当たり	1,643US ドル（2019）
宗教	仏教

The World Bank Development Indicators

Section A：カンボジアについて学習しよう！

カンボジアについての事前学習

下記の質問から1つ選び，インターネットや図書館で調べてみよう。参考にした資料の出所やURLも記載しよう。

1．カンボジアはどんな国か調べよう
2．カンボジアと日本の関係を調べよう
3．カンボジアの文化や社会について調べてみよう

カンボジア概観

カンボジア王国，通称カンボジアは東南アジアのインドシナ半島の南部に位置している。19世紀後半からフランスの植民地であったが，第2次世界大戦中には日本の植民地となり，その後独立国となった。

カンボジアは1970年後半のクメールルージュ政権時代と1980年代に続いた内戦時代に同国人同士が殺戮を繰り返した歴史をもっている。内戦終結後，国連によりカンボジアの民主化実現のためUNTAC（国際連合カンボジア暫定統治機構）が創設され，国連が暫定的にカンボジアを統治した。国連主導で民主選挙が1993年に実施され，新生カンボジア王国が独立国として誕生した。

カンボジアが独立国家となって以降，日本政府はODA（政府開発援助）を通じてカンボジアの復興を援助し，経済成長を支援している。

カンボジア国内における投資で興味深い点の1つは，土地購入は制限されているけれども，それ以外の面では制約がほとんどないことである。カンボジア政府は他国からのどのような投資でも受け入れている。そのため，開業資金と起業しようとするモチベーション（やる気）があれば，誰でもカンボジアでビジネスを始めることが可能である。

カンボジアは2016年にASEAN（東南アジア諸国連合）に加盟した。当初，多くの企業が繊維工業に直接投資を行っていたが，長期的に他のASEAN諸国との競争は避けられず，繊維製品の加工だけで利益を確保することは難しい

と考えられる。そのため，技能訓練を中心とする人材育成，高等教育による人材の育成が急務である。

カンボジアは新生カンボジア王国が誕生した後もドル化経済が継続し，市中の買い物はほとんどドルで行われている。また，中国語を読み書きできる人々が多いことに加え，英語を話すことができるカンボジア人が非常に多いという特徴もある。

大都市である首都のプノンペンでは，高校だけでなく大学への進学者も増えている。しかし，地方に目を向けると，小学校への進学率は90％を超えるにも関わらず，小学校から中学校への進学率は50％以下と低く，都市と農村部とでは格差が生じている。

近年，プノンペンでは可処分所得の高い中間層，富裕層の増加に伴い，個人消費が活発になっている。2014年にプノンペンに開業した日系ショッピングセンター「イオンモール」は人気となり，第2号店もオープンした。市中には日本人向けレストランが多く見られる。

Section B：カンボジアで活躍する起業家を学習しよう！

ケースを学習する前のタスク

1．カンボジアに行ったことはありますか？　何時，どこを訪問しましたか？　印象に残る事柄を教えてください。
2．カンボジアの歴史について知っていますか？　知っていることを教えてください。
3．カンボジアについて知りたいことがありますか？
4．カンボジアに対してどのようなイメージを持っていますか？
5．カンボジアは起業家にとって魅力的な国と言われています。その理由は？

メインタスク

次のケース1～4を読み，キャリアパスに関する質問に答えてください。プロフィールの最後に記載されているホームページ（HP）にもアクセスし事業内容を確認しよう。

ケース1

温井和佳奈さん（Ms. Wakana NUKUI）

プロフィール

東京都出身。大妻女子大学短期大学部を卒業後，3年間証券会社に勤務する。退職後，アメリカへ留学し，語学学校，コミュニティカレッジを経て，ボストン大学国際関係学部卒業。日本でウェブ・デザイン会社を経営した後，カンボジアでの起業を決意する。現在 Blooming Life International Co. Ltd. CEO。プノンペンにあるイオンモールに店舗を展開し，事業を拡大している。女性支援事業にも精力的に取り組んでいる。

Websites：AMAZING CAMBODIA（http://amazing-cambodia.com/）
ドリーム・ガールズ・プロジェクト（https://www.dreamgirlsproject.com/）

温井和佳奈さんは大妻女子大学短期大学部卒業後，証券会社に就職した。証券会社では投資相談課で株などの販売営業を担当し，3年間勤務した。叔母がフランス人であったこと，自身の留学経験，父親が会社経営者という家庭環境の影響，父親が男尊女卑の考えの持ち主だったことからの反発からビジネス，女性の独立，途上国支援に強い関心を抱いていた。証券会社退職後，アメリカの語学学校，コミュニティカレッジを経て，ボストン大学国際関係学部に進学し，学士号（BA）を取得する。

アメリカ留学時はウェブビジネスの勃興期であり，今後は日本でもデザインの需要が高まると考え，28歳の時ウェブ・デザインとマーケティング会社を設立した。創業に際し，女性起業家コンテストで獲得した1000万円の融資を開業資金に充てた。しかし41歳の時，新しい生き方を選択する。

温井さんは数年間を開発途上国の女性の自立支援事業を行うための準備期間とした。途上国において，貧しい家庭の子ども達への支援は多数存在するが，本当に必要なのは母親が夢を持てるような支援ではないかと考えた。

途上国を旅行する中で，カンボジア人の人柄の良さに気づいた。また，女性はデザインセンスがあるが，それを仕事に結びつける場が極めて少ないことを知る。そこで才能がある人を集めワークショップや学ぶ場を作り，クリエイティブな分野の就業支援を行えば他国に出稼ぎに出る必要もなく，自国の発展に寄与できる人材になれると考えた。この女性支援モデルを成功させることができれば，同じスキームを他国でも応用できると考え，カンボジアで就業支援することを決める。

温井さんはソーシャルビジネスの夢の実現を目的とするコンテスト「みんなの夢 Award」で第3位，同時にムハメド・ユヌス賞を受賞したことを契機に，2014年にカンボジアに移り住んだ。

カンボジアに拠点を移し，Blooming Life International Co. Ltd を設立し，カンボジア産品の土産屋「WAKANA SHOP」をイオンモールに出店した。しかし当初は全く売れず，2015年に現在のブランド「AMAZING CAMBODIA」に変更した。店内には上質なカンボジア産品を集め，同時に，店舗経営の手法，数字の管理，商品構成などを勉強し，土産屋としての経営を成立させた。

現在はプノンペンのイオンモール内に1店舗出店し，日本人スタッフを2名，カンボジアスタッフを8名，商品開発にカンボジア人2名を雇用している。本当はカンボジア人女性のデザインを使用した商品で店舗を埋めたいと考えていたが，資金が足りずセレクトショップとし，店舗の陳列ではカンボジアの商品に日本語や英語を加えるなどの工夫をし，パンフレットやプロモーションビデオでは日本語，英語，クメール語，中国語，韓国語の5カ国語で紹介している。

開業には約2000万円必要であった。この資金は，日本人の投資家から得た。配当金を約束すると投資家からの圧力がかかり自分の夢を追求できなくなると考えた。そこで配当が必ずしも出るとは限らないが，寄付をするよりもよいと考えたら自分に夢を託してくれないかと重ねて説得した。その結果，20人の投資家から一口50万円の援助を得ることで，開業が可能になった。現在は，事業報告を兼ね年に2回自社商品を株主に送っている。

温井さんの仕事上のネットワークは，企業経営者の会や起業塾で知り合った経営者や取引先の経営者，日本から視察で訪れた企業の人たちである。仕事は自身のやりたいことでもあるため，私生活との境界線はない。現在の職務満足度は，発展途上だが充実しているので5，生活満足度は4，総合満足度は4.5である。キャリアアンカーは「自然体・調和・シェアリング」で，自己啓発として，日本で起業していた時にセミナーに通いコーチングなど自己啓発研修に努めた。

今後の目標は2号店を展開すること，1年間の全体の売り上げを日本の購買力に換算し15億円に伸ばすことである。会社を発展させ，NGOや企業と協働しつつカンボジアのものづくりを実現させたいと考えている。なお，2021年現在，イオンモール内，シアヌーク国際空港内に店舗を展開すると共に，お菓子ファクトリーを経営している。

温井さんは，2010年からカンボジア人女性がデザインで夢を叶えるためのコンテスト「ドリーム・ガールズ・コンテスト」を主催している。第1回で3位になった女性は，現在プノンペンでデザイン会社の経営者になっている。

今後は，デザイン力だけではなく，スモールビジネスを学ぶことができる学校を作りたいと考えている。具体的にはマーケティング，数字の管理，デザイン，商品管理，商品開発を学び，彼女たちが起業できる仕組みを作りたい，と考えている。さらにカンボジア人女性が起業する時の資金面でのサポートや，ビジネスリーダーの素質を持つ女性育成の学び場を作りたいとも考えている。

温井和佳奈さんのキャリアパス

18	大妻女子短期大学入学
20	証券会社に就職
23	アメリカの語学学校に入学。コミュニティカレッジを経て，ボストン大学国際関係学部に進学
27	大学卒業後帰国。外資系企業勤務
28	WEB デザイン会社を設立し CEO
46	カンボジアに移り住み，Blooming Life International Co. Ltd. を設立，CEO。イオンモール内に「WAKANA SHOP」を出店
48	ブランド名を「AMAZING CAMBODIA」に変更
現在	事業の拡大・継続，女性支援事業の構想・準備

? ケース１のキャリアパスに関する質問

1. 温井さんはマーケティングの会社を拡大させるのではなく，女性の能力・地位向上（Empowerment）を開発途上国で向上させる事業に取り組むことを決意しました。この決断のきっかけは何だと思いますか？
2. ムハメド・ユヌス賞の名称になっているムハメド・ユヌス氏とはどんな人ですか。説明してください。
3. AMAZING CAMBODIA 設立のための資金調達の方法を教えてください。
4. 他人から融資を受けるために必要なスキルは？
5. なぜ，彼女のお店の商品を複数の言語で紹介しているのでしょうか？

ケース2

磯部正広さん（Mr. Masahiro ISOBE）

プロフィール

愛知県豊橋市出身。大学を卒業後，民間企業で勤務。東南アジアでのボランティア活動を経て，現在小口融資を行う RIGHTS SMART Finance Plc. 代表。

Website：RIGHTS SMART Finance PLC（http://risma.biz/indexJP.html）

磯部さんは大学卒業後，民間企業でシステムエンジニアとして勤務する。

1991年には，有給休暇を取りタイのスラム街を訪問し，NGOの支援活動を目にする。この時，大手日本企業を退職した日本人男性に出会い，英語もタイ語もできず，1日部屋にこもり新しい経理システムを構築している姿に衝撃を受ける。当時タイのNGOは，各方面から資金援助を受けていたが決算書の作成や管理ができていなかった。

磯部さんは1992年，会社からボランティアという形で長期休暇を取り，タイのNGOで経理担当者として勤務する。その後，カンボジアのNGOで職業訓練と事務全般（特に経理）の担当者として働く。

1996年，日本に家庭の事情により一時帰国し，以前勤務していた会社に復職し，東京の海外事業部に勤務する。

2002年にはカンボジアに戻り，国際NGOに勤務する。同年に同NGOのカンボジア所長の求人に応募するが，2003年に東京本部経理総務課長を任命された。2008～10年に同NGOのカンボジア事務所所長を務め，小学校の建設，絵本出版，職業訓練などの支援事業管理を行う。

2010年に，テレビ番組の企画で集まった1億7000万円の寄付金で学校を建設するが，寄付金の用途や活動の優先順位について意見が合わず退職する。

その頃，誰からも干渉を受けず本来の支援活動をしたいと考え，2010年にカンボジアで支援事業を担うコンサルタント会社を設立し，その事業から得た利益をボランティア活動資金に充てる決心をする。起業時，HPや名刺は自身で作成し，開業資金はほぼ0円であった。

投資家の依頼でマイクロクレジット（小口融資）事業を行う会社を2011年に設立しCEOとなるが，投資家同士の意見の相違により退職する。

2012年，磯部さんは自身でNGO団体Rights Smart Internationalをプノンペンに設立し，低所得者層に向けたマイクロクレジット事業を開始する。貸付資金の原資及び事務所開設のための資金である20万ドル（約2000万円）は日本の投資家に協力を仰いだ。

2016年にカンボジア中央銀行より金融ライセンスを取得し，会社法人Rights Smart Finance Plc.を設立する。主な事業内容は，①学生向け教育ローンを含むローン事業，②学校校舎のトイレ作りを中心としたボランティア事業，③漫画出版を通しての現地人への道徳教育，識字教育である。従業員は

32名で，2017年に2つの支店を開設した。

ローン事業では，低所得層のカンボジア人に約60万ドル（約6500万円）の融資を行い，2012年から2017年の5年間に総額527万ドル（約580億円）の融資を行った。現在融資を受けているカンボジア人は1500名で，過去5年間に融資を受けた人数は延べ1万1500人にのぼる。

融資に際し，カンボジア人が自分の経済状況に応じて返済計画を立てられるように，融資に際しては指導を行っている。利子は月2〜3%程度である。300ドル未満の融資には担保は不要とするが，保証人を2人要求している。300ドル以上の融資には身分証明書やバイクの証明書などの提示を求めている。現地のカンボジア人はこれらの資金を元に，バイクタクシー（トゥクトゥク）事業を行ったり，子育て中の女性はミシンと布を購入し自宅で洋裁の内職を行ったりしている。

磯部さんのメンターは，最初に勤務した会社の上司で，この人が仕事の進め方や，厳しさを教えてくれた。磯部さんにとってメンターは兄のような存在である。磯部さんの仕事上のネットワークは，ローン業務を担当する元銀行員であるカンボジア人の義兄と義兄が行員時代に培った人間関係，カンボジア教育省など教育関係の交流等である。

現在の総合満足度は5点評価の4で，生活満足度が4，職務満足度が4.5である。所得に対して，プロセスが大事で，報酬はあくまでその成果や結果であり，強いこだわりはないと述べた。

磯部さんのキャリアアンカーは「『優先順位』が一番重要で，この選択を間違わなければ成功する」である。新たに能力を身につけるのは難しい，と述べた。自己啓発の一環でさまざまな人と交流し，そこから学んでいると述べた。

今後の課題は，中央政府の政策変更への準備，カンボジア人中間管理職への教育育成，日本人対応スタッフの育成，スタッフの内部統制である，と述べた。

磯部正広さんのキャリアパス

23	私立大学経済学部卒業
24	民間企業にエンジニアとして就職。ボランティア休暇扱で，タイで支援活動
28	会社を退職後，NGO カンボジア事務所に勤務
32	同社に復職
38	再度，退職。カンボジアの NGO に就職
39	NGO の東京本部経理総務課長として勤務
44	NGO カンボジア事務所所長に就任
47	寄付金の用途と本来の支援活動の優先順位を巡り意見が対立し，退職。コンサルタント会社設立
48	マイクロクレジットの事業会社を創設し CEO。投資家同士の意見の相違により退職
49	NGO 団体 Rights Smart International を設立，代表
53	カンボジア中央銀行から金融ライセンスを取得し，会社法人 RIGHTS SMART Finance Plc. を設立，CEO
現在	事業を拡大中

ケース2のキャリアパスに関する質問

1．磯部さんはタイのスラム街を訪れて何を学んだと思いますか？
2．NGO で働くことの難しさやプラス面を教えてください。
3．磯部さんのカンボジアでのネットワークはとても充実しています。その理由は何故だと思いますか？
4．日本の投資家から融資のために，2000 万円を調達することができました。投資家からの資金の提供を受けるために必要なスキルや能力とは？
5．マイクロクレジットについて知っていることを教えてください。

ケース3

奥田知宏さん (Mr. Tomohiro OKUDA)

プロフィール

京都府京都市出身。早稲田大学理工学部建築学科在学中に電通にて半年間インターンシップを経験し，2003年卒業。早稲田大学大学院へ進学し，在学中2カ月間北京の設計事務所にてインターンシップを経験。2005年，早稲田大学大学院理工学研究科建築学修士号取得。リンクアンドモチベーションでデザイン制作や映像制作を担当する。夫婦でカンボジアに移住する。
現在デザイン企業OS!（オス！）の代表を務める。

Website：OS!（www.os-fcp.com）

奥田知宏さんは大学院卒業後，組織人事等のコンサルティングをメイン事業とするリンクアンドモチベーションに就職し，2005から2011年まで6年間勤務した。前半の3年間は，働く人のモチベーションが上がるようなオフィスデザインの制作業務を担当し，後半の3年間はウェブ，映像制作を担当した。この会社では組織風土の構築や人事制度の開発，モチベーションを上げるための採用方法，オフィスづくりのスキルなどを習得した。

2011年に，日本でデザイナー会社OS!を個人事業主として立ち上げる。わずかしかなかった開業資金は業務で使用するプリンター代などに充てた。OS!は「押す」という意味を込めている。

OS!の設立後，三井物産の研修室の改築，日本ハムファイターズの事務所のグラフィックデザイン，グリー株式会社の採用映像の制作などを担当した。これらの経験から個人が大手企業と対等に仕事が出来るという手応えと高い報酬が得られるという自信を得た。

一方，海外進出への夢を捨てきれず，2012年に夫婦で200万円の資金をもとに世界33カ国60都市を1年かけて旅行した。仕事は紙やウェブ媒体の業務に集中し，妻の夢だったパン屋の視察も兼ねていた。旅行途中にカンボジアに極めて好印象を持った。

2013年に，起業する国をマレーシアとカンボジアで最終検討を行った。マレーシアは社会が成熟し，起業にはまとまった資本が必要なことから，起業するための敷居が低いカンボジアに拠点を移すことにした。

カンボジアには親日家が多く，カンボジア人は人に優しい。加えて，カンボジアの日系企業からすでに仕事の依頼が来ていたことが決定要因になった。しかし一番魅力に感じたのは，スモールビジネスが可能で，外資規制が少ないことから自由にビジネスを展開できることであった。

一般的に大企業は人口が5000万人以上の国に投資を行っている。一方カンボジアの人口はインタビュー当時1560万人であり，大企業が直接投資するには魅力が少ない。大企業と競争しなくてもよいという観点から，カンボジアは中小企業にとって魅力的な国であった。

奥田さんは2013年にプノンペンでOS!を設立する。OS!は，カンボジア，日本，その他の国の企業にデザインを提供する。事業内容は，①企業へのグラフィックデザイン製作，②企業の採用ページやホームページなどWEBデザイン制作，③店舗の内装デザイン及び施工請負，④写真や映像の制作から構成されている。

プノンペンでの開業資金には，登記費用などで約300万円を自己資金から捻出した。起業に際して周囲には相談しなかった。顧客へ報告した際に後押してもらえたことが励みとなった。

奥田さんの職務満足度，生活満足度は共に5点満点中4であり，総合満足度も4である。仕事上のもっとも関わりが多いのは，クライアント（日本，カンボジア，タイの企業）やスタッフ（カンボジア人2人と日本人のインターン1人）であり，私生活では妻のパン事業の支援を挙げた。奥田さんはそのどちらからも刺激を受けている。

メンターは今までも現在もいない。その理由として，リンクアンドモチベーション社では，さまざまな人の技術や知識をつまみ食いしなさい，そして個人を成長させなさい，という社風があったからである。日本での勤務経験は現在の仕事をする上で非常に有益であると述べた。

所得に関して，お金は日銭と貯蓄に分けて考えているという。カンボジアでの1日の生活費は約10ドルで，貯蓄は人生の節目ごとにきっちりすれば良いという。また，クライアントは個人から国レベルまで幅広いため，さまざまな環境を理解するために自己投資が必要だと考え，自己投資も貯蓄の一部であると考えている。

現在の懸念事項は，職場環境の整備である。デザイン事業は拡大出来る余地が大きいものの，スタッフのスキルを効率的に高め，長期的に勤務してもらえるような場がまだ出来上がっていない。人材の採用とスタッフ教育も課題である。また，納品物の品質は何より重要であり，品質を一定レベルに維持することが非常に難しいと述べた。

奥田さんは人生や仕事に対して「人生１回きり。人生の豊かさ，楽しさを実感できる人生を送る」と述べた。これは，効率的に仕事を済ませることにつながっている。

奥田知宏さんのキャリアパス

26	早稲田大学大学院理工学研究科建築学修了。リンクアンドモチベーションに就職
32	日本でデザイン会社 OS ！（個人事業主）を起業
33	視野を広げる目的で，夫婦 1 年間世界を周遊
34	カンボジアで OS! を設立
現在	日本，タイ，カンボジアで事業展開し事業を拡大中

ケース３のキャリアパスに関する質問

1．奥田さんはなぜマレーシアではなくカンボジアでビジネスを始めることを決めたのでしょうか？
2．奥田さんのキャリアアンカー「人生は一回きり。人生の豊かさ，楽しさを実感できる人生を送る」を説明してください。みなさんは奥田さんのキャリアアンカーについてどう思いますか？　意見やコメントしてください。
3．ウェブデザインという仕事の中身を説明してください。
4．なぜ奥田さんは世界旅行をしようと考えたのでしょうか？
5．世界旅行の経験から得たものは何だと思いますか？

ケース4

奥田真理子さん（Ms. Mariko OKUDA）

プロフィール

東京都出身。青山学院大学法学部を卒業後，大手建設会社に4年間勤務する。26歳で結婚，同時期にパン職人を志し，パン屋に就職する。29歳で10カ月の世界周遊後，32歳の時にカンボジアのプノンペンにパン屋「SANCHA」を開店する。現在SANCHAのCEO兼シェフを務める

Website：SANCHA（http://bagelsancha.com）

奥田真理子さんは大学を卒業後，大東建託株式会社へ入社し，新CAD開発部で3年，秘書室で1年間勤務する。25歳の時，自身の生き方を見直し，自分が今後どのような人生を送りたいのか，どの様な形で人々の役に立ちたいのかを考えるようになった。考えを重ねる内に，パンを通して人を幸せにしたいと考え，パン職人を志す。26歳の時，大東建託を退職し，結婚と同時期に東京都，三軒茶屋のパン屋に最初はアルバイトで働き始める。当初は販売業務のみで，製造に携わることはなかったが，販売の合間を見て成形を教えてもらう。10カ月経った頃には厨房で仕込みを習い，さらに1年後には窯焼きを習い始めた。当時は深夜の1時に起床し，2時間イメージトレーニングをした後，3時に職場に出かけ仕込みをする生活を送った。パン屋には3年間勤務し，仕込みから包装・陳列までの一連の作業方法と約50種類のパンの調理方法を習得した後に辞めた。

退職後，29歳で夫と世界周遊に出発する。始めは夫と別行動で，フィリピンで1カ月半の語学留学をし，その後夫と香港で再会するが，夫は仕事のため日本へ一時帰国する。真理子さんはその間マレーシアに2週間滞在し，再び夫と合流した後にベトナムを訪問する。真理子さんは10カ月で合計33カ国を訪問した。

世界周遊に出かける前，真理子さんは夫に帯同する程度の気持ちであったが，次第に自身が今後，日本の社会で普通の生活を送って行くことに，自分らしさがないと考えるようになった。そこで夫のウェブデザイナーとしての生き様を真似るように，パンを極めたいと考えるようになった。周遊中に自身が食

べた各国のパンはブログ「世界のパン屋から」(現在はSANCHA HP内のブログに移転）情報を発信した。

日本に帰国後，カンボジアでパン屋を開店する決心をし，夫と共に30歳でカンボジアに移住する。2015年には自宅兼工房に引っ越し，朝に焼きあげたパンを食料品店に持ち込み，飛び込み営業を行った。結果，外国人向けスーパーへの卸が決定し，その後もベーグルを中心に，食パン，柔らかいパンなど種類を増やし，お客からの依頼で卸先を拡大させた。

パンの製造を開始してから，工房でもパンの販売を求める声が多くなり，2015年にパン屋「SANCHA」をプノンペン市内に開店した。開店当初は配送スタッフ，製造アシスタント・スタッフと共に始めたが，現在8名のスタッフを雇用している。

SANCHAでは，スタッフは朝5時半に仕込みを開始し，7時には開店する。平日は17時半まで営業を行い，土曜日，日曜日は14時に閉店する。真理子さんは開店までの準備をスタッフに任せ，自身は7時に出勤し新商品の開発やスタッフのモチベーション維持などマネジメント業務に力を入れている。

店舗運営では顧客の顔に気をかけている，と述べる。顧客のニーズは常に移り変わるため，顧客と積極的に会話をし，声を聞き顧客の要望などを理解出来るようにしている。現在の職務満足度は5点満足度の4.5，生活満足度は4，総合満足度は4.3であると述べた。

日本で勤務時代のメンターは，体育会系で明るくユニークだが仕事に関しては厳しかった。現在は，夫をメンターとして挙げている。特に仕事上のネットワークはない。生活上では，人との交流や健康な体作りのため，プノンペンに住む日本人が集まり日曜の早朝に走る「走友会」に参加している。また，時間を見つけては，タイ，ベトナム，日本を中心にパン巡りをしたり，パン教室に参加したりしている。真理子さんは流行に敏感であること，消費者目線を忘れないことを心掛けている。

日本での職務経験は，非常に役立っていると述べた。特に経理，採用，スケジュール管理，社報を作成した経験がマネジメント管理やディスプレイ作成に役立っている。現在の所得は，赤字ではなく事業開始当初より所得は上昇している。所得は後からついてくるものだと考えている。

懸案事項は，スタッフが自律的に仕事をすることが出来るように教育することである。今後，店舗は無理に拡大せず，自身の目の届く範囲の規模に留めるべきと考えている。将来は自分の体力を考えマネジメント業務のみを行い，並行してパン教室を開催し，カンボジア人の食生活を豊かにしたいと考えている。一時期，カンボジア人スタッフの自立を目標に日本人のスピードでカンボジア人スタッフを教育していたら，そのスタッフが辞めてしまった。その経験から，現在はカンボジア人のスピードに合わせて教育を行っている。

キャリアアンカーは「ピンチはチャンス。人は思った通りの人になる」である。今後もパンを作り続けたいと考えている。

カンボジアは第２次世界大戦までフランスの植民地であった歴史から，フランスパン特有の固めの触感のパンが主流だった。そこで真理子さんは，日本の柔らかい触感のパンを提供し，そのおいしさを伝えている。今後もパンを作り続け，おいしいパンをプノンペンの人たちに届けたいと考えている。

パン職人として，一番大切にしている言葉は，以前に習った「パンの声や表情を読み取ること。会話をすること。パンは生きているから」である。これを実践できることで，最高のパンを人々に届けることができると，と考えている。

奥田真理子さんのキャリアパス

22	大学卒業後，大東建託株式会社に入社
26	大東建託を退社し，パン屋に就職。同年，結婚
29	パン屋を退職し，世界周遊
30	プノンペンに生活拠点を移し，工房でパン作りを開始する。同年 12 月プノンペンにパン屋「SANCHA」を開店
現在	パン事業を拡大中

ケース４のキャリアパスに関する質問

1．真理子さんは夫と二人で，世界を旅することで，さまざまなことを学びました。世界を旅するには，どんな準備が必要だと思いますか？

2．「周遊前は夫に帯同する気持ちだけであったが，次第に自身が今後，日本の社会で普通の生活を送って行くことに，自分らしさがないと考えるようになった」とありますが，なぜそのように感じたのでしょうか？

3．真理子さんはカンボジアでどのようにして新しいチャンスを見つけたと思いますか？

4．外国でパン屋を経営する際に役立つビジネス経験，マーケティング知識，経営の知識などを具体的に挙げてください。

5．真理子さんが現地スタッフと仕事をする上で，どのような課題に直面しましたか？　その課題をどのように克服しましたか？

Section C：学習を深めるタスクにチャレンジしよう！

次の事柄についてレポートを作成しよう

本章の主テーマは社会起業家（ケース1，ケース2）です。カンボジアにはなぜ，社会起業家が多いのでしょうか。考えられる理由をレポートにしてまとめ提出してください。余力があれば，日本国内の社会起業家の事例も調べてみましょう。

【参考文献】

上田広美・岡田知子（2006）『カンボジアを知るための60章』明石書店。

地球の歩き方編集室編（2020）『地球の歩き方 アンコールワットとカンボジア』地球の歩き方。

福森哲也・他（2012）『ミャンマー・カンボジア・ラオスのことがマンガで3時間でわかる本』明日香出版社。

プノンペンフリー情報誌（https://www.facebook.com/Phnommagazine/）。

第9章

ミャンマー

この章の全体テーマ：多国籍企業の影響

大企業の生産工場

東南アジア最後の大規模新興国

政治的に不安定

人口	54百万人（2019）
面積	677千 km^2
GDP/一人当たり	1,408USドル（2019）
宗教	仏教

The World Bank Development Indicators

Section A：ミャンマーについて学習しよう！

ミャンマーについての事前学習

下記の質問から1つ選び，インターネットや図書館で調べてみよう。参考にした資料の出所やURLも記載しよう。

1．ミャンマーはどんな国か調べよう
2．ミャンマーと日本の関係を調べよう
3．ミャンマーの文化や社会について調べてみよう

ミャンマー概観

ミャンマー（正式名称はミャンマー連邦共和国）は東南アジアのインドシナ半島西部に位置する共和制国家である。1948年から1989年まで国名はビルマ連邦，通称ビルマであった。公用語はビルマ語。首都はネピドー（2006年まではヤンゴン）。通貨はチャット。ASEAN（東南アジア諸国連合）加盟国。

国土は，南西がベンガル湾，南はアンダマン海に面する。インド東部とはベンガル湾を挟み相対している。国境は，南東はタイ，東はラオス，北東と北は中国，北西はインド，西はバングラデシュと接する。

多民族国家で，人口の60%をビルマ族が占め，カレン族，カチン族，ラカイン族，モン族などの少数民族がいる。独自の言語を持つ民族も多い。国内では仏教が信仰され，人口の9割が仏教徒と言われている。

19世紀中盤にイギリスの植民地となり，第2次世界大戦中は日本に占領された。1948年に独立。1962年に独裁政権となった後は軍事政権が掌握。2010年に軍事政権が解散後，2011年の選挙を経て，アウンサンスーチー氏らが釈放される。2021年軍部が政権要人を拘束し，クーデターを起こした。また，2016年のイスラム教徒の虐殺，民族浄化は，UNHCR（国連難民高等弁務官事務所）など国際社会から非難されている。

産業は農業が中心で主要農産物はコメである。水田が農地の60%を占める。宝石の産出量が多く，世界のルビーの90%を産出している。

Section B：ミャンマーで活躍する起業家を学習しよう！

ケースを学習する前のタスク

1. ミャンマーに行ったことはありますか？　何時，どこを訪問しましたか？　印象に残る事柄を教えてください。
2. ミャンマーについて知っていることを教えてください。
3. ミャンマーに対してどのようなイメージを持っていますか？　また，知りたいことがあったら教えてください。

メインタスク

次のケース1～3を読み，キャリアパスに関する質問に答えてください。プロフィールの最後に記載されているホームページ（HP）にもアクセスし事業内容を確認しよう。

ケース1

芳賀啓介さん（Mr. Keisuke HAGA）

プロフィール

神奈川県相模原市出身。1年浪人後，関西大学総合情報学部に入学。4年次に1年間休学しバックパッカーとして，イギリスのロンドンをはじめヨーロッパ，モロッコ，トルコ，中国を旅行する。高校までは，野球，大学ではアルバイト中心の生活を送った。大学卒業後，IT エンジニア専門の人材派遣会社に就職。9年後に退職し，ミャンマーに移り住む。1年半後，2014 年に運転手付きレンタカー会社 Growth を創業する。現在，Growth CEO

Website：Growth（http://www.growth.bz/）

父親はサラリーマンであったが，脱サラし，スポーツ用品店を営んでいる。芳賀啓介さんは地元の公立小中高校で学び，1年浪人した後に関西大学総合情報学部に入学する。4年次に1年間休学し，バックパッカーとしてイギリスのロンドンをはじめヨーロッパ，モロッコ，トルコ，中国を旅行した。高校までは，野球，大学ではアルバイト中心の生活を送った。大学では授業に出席するよりはアルバイトに専念し，年に2回ほど海外に出かけていた。大学を24歳で卒業し，卒業後は，ITエンジニア専門の人材派遣を行う「インテリジェンス」に就職。6年間ITエンジニアの人材派遣事業に従事する。最初の3年間は営業部員として働き，後半の3年は求職者のキャリアカウンセリングを担当した。30歳のときから，営業マネジャーとして3年半働き，2012年に退職する。このまま40歳になって，もし会社が潰れたらどうするか？　なんの価値が残るか？　自分の価値はどこにあるか？　などを考え，キャリアチェンジを決意する。次の2つの選択肢の間で数年間にわたり悩んだ。

① 兄と家業（スポーツ用品店）を継ぐ

② 海外で働く

悩んだ末，人生は1回だけであるから，若いうちに海外で挑戦することを決めた。

最初は，ヨーロッパですし職人をやるかと考えたが，職人という職業は作業が単調で，自分には適していないことが分かり，断念する。その頃，カンボジアの日系企業から内定をもらう。熟慮するうち，もっといろんな国もあると思うようになり，ミャンマーに関心を持つようになった。

2013年にミャンマーに移り住み，Web Crewというネット・ベンチャー企業に就職し，2年弱働いた後，2014年に運転手付きレンタカー会社Growthを創業する。親から借りた5万ドルを開業資金に充てた。インタビューを行った2017年は創業から3年が経過した時であった。この会社では，自動車を80台以上稼働させ，ドライバーを含む正社員95名，パート2名を雇用し，レンタカーを顧客・顧客企業に提供していた。現在，芳賀さんはレンタカー会社Growthの代表取締役として働いているが，「ミャンマービジネスパートナー」という雑誌の編集長としても働いている。加えて，3つ目に教育関係の事業を構想中という。

現在，専業主婦の妻と3人の子供と共に，ヤンゴン在住。インタビュー時38歳であった。

最初の職場でのメンターの有無についての質問には，1人目は，職場の2年年上の先輩。この人は明るかった。2人目はものをロジカルに考える先輩。3

人目は，人の気持ちを理解することの大切さを教えてくれた先輩。現在のメンターは，シンガポール在住の日本人の会社役員で，現在も半年に１回程度会っている。この人には社会人２年目の時に出会った。このメンターから得た助言は「社員と嫁を泣かすようなことをするな」，「ひたすら事業を伸ばせ」など。キャリアの局面や事業を営む上で貴重なアドバイスを得ている。

仕事上のネットワークは，日系企業の駐在員，地元の経営者，ローカル企業のオーナーである。雑誌のネットワークは，外部の日本人ライター，デザイナーである。私生活でのネットワークは，野球の仲間，監督。子供の野球チームのコーチを務め，毎週指導している。

職務満足については，現在仕事を楽しんでいるが，成果はまだ出ていない，と答えた。サラリーマン時期より数十倍楽しい。満足の要因は，自分で物事を100%決められるからである，と答えた。

日本での勤務経験の有益性については，非常に有益であると答えた。なぜなら，ビジネスの仕組みやビジネスマナーなどを，深く学ぶことが出来たからである。新規営業の難易度は日本と比較すると簡単に思える。海外で生活することで，日本の良いところも課題も両方見えてくる。

仕事をする上でのキャリアアンカー（座右の銘）は，「働くことを楽しむこと」，「顧客の利益満足を高め，仕事を通じて，成長すること」，「従業員の成長，長所を生かすこと」である。会社は「車，ドライバーを提供するのではなく，快適な移動空間を提供し，顧客の生産性を上げ，結果として，顧客のビジネスが成長すること」と考えている。

所得の減少に関する質問には，「所得はあとからついてくる」と答えた。今はまだ開発途上で，付加価値が粗利と考えている。付加価値の高い製品やサービスから粗利が多く取れる。会社は人に支えてもらい，従業員が職場で輝いて働いてくれれば，利益が増えてくる。売り上げを100倍増やしたいと考えている。

開業資金のうち５万ドルは親から借りた。借金はまだ完済はしていない。利益は投資に回している。今後全額を返す予定である。起業時に，事前に相談した人として，妻を挙げた。

懸案事項は，

① 大手の参入によるレンタカー価格の低下による事業リスク
② 自動運転車の普及
③ 自分の健康
④ 運転手の教育

その他，顧客が日系企業であることから，運転手のサービスを高めるために，ドライバーの付加価値をつける教育を行っている。

満足度に関する5点評価の質問には，仕事満足度は5，生活満足度は4，総合満足度は5と回答した。

芳賀啓介さんのキャリアパス

19	一浪後，関西大学総合情報学部入学
23	4年次に休学し，ヨーロッパ，モロッコ，トルコ，中国を旅行
24	IT人材派遣会社に就職
33	会社を辞めミャンマーに移り住み，ネット・ベンチャー企業に就職
35	運転手付きレンタカー会社 Growth を創業
現在	事業を拡大中

ケース1のキャリアパスに関する質問

1. 芳賀さんは大学4年次に休学しました。休学中の海外経験から，どんなことを学んだと思いますか？
2. 休学し海外経験をするためにはどのような準備が必要ですか？
3. 芳賀さんはなぜ，2012年に会社を辞めることを決意したのでしょう？
4. なぜ芳賀さんはミャンマーでレンタカービジネスに進出したと思いますか？
5. 芳賀さんのキャリアアンカー，「働くことを楽しむこと」，「顧客の利益満足を高め，仕事を通じて，成長すること」，「従業員の成長，長所を生かすこと」について説明してください。

ケース2

谷　恭子さん (Ms. Kyoko TANI)

プロフィール

埼玉県出身。美容部員，ショップマネージャーとして勤務。結婚を機に退職し，専業主婦になる。趣味のブレスレット作りからミャンマーを訪問。離婚を契機にミャンマーの自宅で美容系のサービスを提供した後，宝石店 Culumtio を開業，CEO。東京青山にサロンを開業し，事業を拡大中

Website：Culumtio（https://culumtio.co.jp/company/）

谷恭子さんは埼玉県で生まれたが，実家は東京である。父親は薬局を経営。両親の離婚後は祖母に育てられた。一人子で，兄弟はいない。子供の頃に，両親とオーストラリアに旅行し，働き始めてからは，パリ，ハワイ，グアム，香港などの海外旅行を経験した。このような経験から，海外で生活・留学したいと考えていた。高校までは埼玉県の小・中学校に通い，城西高校普通科を卒業する。高校卒業後，花王に就職し，デパートの化粧品の販売業務を 6 年間行う。24 歳の時，外資系の化粧品セポラーに転職し，ショップマネージャーとして働く。スキンケア・メークアップ・香水などを専門とし，池袋店の販売を担当した。29 歳で結婚し，30 歳のときに出産，男の子が生まれる。

29 歳から 31 歳の期間は，専業主婦として職に就かなかったが，エステエクステンション，ヘッドスパーなどの美容関係の資格を取得する。この頃から起業を考えていた。

31 歳のとき，東京の自宅で趣味としてブレスレットの制作を始める。石のつながりでミャンマー人の女性と知り合い，2012 年 7 月にミャンマーに原石の買い付けに出かけた。この頃，夫とは別居し，2013 年 3 月子供が小学校に入学する直前に離婚した。子供のランドセルと 200 万円を手に，ミャンマーに引っ越す。

2013 年から 2015 年まで，ヤンゴンで 3LDK のマンションを 1 年間借り，駐在員の妻たちにエステなどの美容施術サービスを行い，所得を得る。子供はヤンゴンの日本人学校に入学させた。

ヤンゴンでブレスレットをネット販売したところ，売れるようになる。ま

た，ヤンゴンのホテルやマリーナに出向き，ヤンゴン在住の日本人駐在員の妻たちに作品を販売した。

2015年8月に，Culumtio宝石店を開店する。Culumtioはラテン語で，癒しと絆を表す言葉で，宝石を身に着けることにより，心の癒しや絆を強めることを店の理念とした。宝石の制作は，独学で学び，随時帰国し，宝飾の専門学校のコースを受講し，技術を習得した。

2015年末に子供が日本に戻りたいと言い，それ以降息子は父親と日本で暮らしている。

2017年に東京青山にサロンを開店した後は，東京をベースにし東京に3週間，ヤンゴンに1週間滞在する生活を送っている。

初職の花王では，メンターには出会わなかった。現在もメンターはいない。仕事上のネットワークとしては，ミャンマーの宝石作りの現地職人，現地従業員，顧客，日本の同業者，日本のデパートなど催事の担当者，宝石の専門学校の先生である。私生活でのネットワークは，家族と友人である。職務満足については，仕事が好きなので，仕事満足が最も重要。

日本での勤務経験については，有益であると答えた。たとえば，どうすれば自分を使ってもらえるか，自分がやりたい仕事をさせてもらえるかを考え，実践することは日本で働いた経験から習得した。また，何をやりたいかが分かった。キャリアアンカーは，「辛い時はお客様が救ってくれる」である。所得については，お客様を喜ばせた金額が所得になると考えていると回答した。

開業資金は，150万円であった。100万円は親から借り，50万円は自分で準備した。ヤンゴンに持参した200万円は，引っ越し代と家賃1年分でなくなった。エステなどの美容施術をマンションで行うことで1年間の生活費を得た。開業資金の一部とミャンマーに持参した資金は，OL時代の貯金である。起業については，事前に相談した人は，ミャンマー人の社長とミャンマーにいる日本人の友人である。

懸案事項は，①ヤンゴンの店の維持。現在月のうち，3週間は東京で働き，ヤンゴンの店には1週間しかいない。ミャンマーの従業員だけで店を維持できるか心配したが，結果的には維持できている。②現在92歳の祖母の介護。東京に長期滞在する理由の1つは，祖母の介護のためである。③離れて暮らす子供のこと。

満足度に関し5点評価で質問したところ，仕事満足度が5，生活満足度が1，総合満足度が3.5であった。生活満足度が低い理由は，息子と離れて生活しているからと回答。将来の目標は日本にショップを持つこと，と答えた。

谷恭子さんのキャリアパス

18	花王の美容部員として就職
24	外資系の会社に転職。ショップマネージャー
29	結婚。専業主婦
30	出産。エステ関係の資格取得
31	趣味でブレスレット制作始める
37	離婚。子供とミャンマーに移り住む
39	ヤンゴン市に宝石店開業
41	東京にサロンを開設
現在	事業を拡大中

? ケース2のキャリアパスに関する質問

1. 29歳～31歳までの期間に専業主婦として働いていた時，美容関係の資格を数多く取得しました。なぜ谷さんは資格を取得したと思いますか？
2. ミャンマー人の従業員に仕事を任せる上でどのような苦労があると思いますか？　文化・社会の違いからの違いを中心に経験したであろう苦労を想像してみてください。
3. 谷さんはミャンマーでの宝石店の開業資金をどのように捻出しましたか？あなたなら，開業資金をどのように調達しますか？
4. 仕事の継続と子育ての両立の難しさを，谷さんのケースから想像し，説明してください。
5. CulumtioのHPにアクセスし，谷さんのビジネスとその将来について，100字程度の文章にまとめてください。

ケース3

岩谷裕一さん（Mr. Yuichi IWAYA）

プロフィール

埼玉県出身。家族はミャンマー人の妻と娘一人。地元で生活し，1年浪人後，専修大学商学部に進学。1年次の夏休みにアメリカに短期留学。大学3年次に1年間休学しワーキング・ホリデーでニュージーランドに滞在。大学卒業後は国内旅行業務取扱管理者資格を取得し，国内旅行の添乗員。パラオ島の日航ホテルを皮切りにアジアのホテルに勤務。その後，日本企業のエジプト駐在員として働く。家族と一緒に住みたいと考え，ミャンマーに戻り，43歳の時にヤンゴンで日本料理店「鎌倉マリーナ」を起業する。

埼玉県春日部市に生まれ。大学まで親元で生活する。父親は教師，母親は市役所に勤務していた。高校卒業後1年間浪人し，専修大学商学部に進学する。1年次の夏休みに45日間米国ペンシルバニア州に短期留学をし，ホームステイを経験する。大学3年次に，1年間休学し，ワーキング・ホリデーを活用し，ニュージーランドに滞在し，その間にオーストラリアに1カ月，ニュージーランドに1カ月，フィジー諸島に1カ月旅行する。大学卒業後，オーストラリアに1年間語学留学する。この海外経験に関わる費用は親が全額出してくれた。

帰国後に国内旅行業務取扱管理者の資格を取得し，国内旅行の添乗員として働く。26歳の時に，パラオ共和国にある日航ホテルのセールスマネージャーとして33歳まで7年間勤務する。日航ホテルの閉鎖に伴い，ミャンマーの職を紹介され，33歳の時ミャンマー日航ホテルレストラン「弁慶」でホールマネージャーとして1年間勤務する。その後，34歳から36歳までミャンマーのシャングリラホテルでセールスマネージャーとして働く。

35歳の時，日航ホテルで働いていた妻と知り合い，結婚する。36歳の時，転職し鉛筆と化粧品を販売する日本企業のミャンマー支店の営業部長として勤務するが，リーマンショックの影響で本社が吸収合併され，解雇される。家族3人で，日本の春日部市にある実家に戻るが，就職先を見つけられず，40歳の時にシンガポールの電子部品商社の現地採用となる。同年，日本企業にスカウトされ，正社員となり，エジプトの子会社の駐在員となる。この会社は野菜・フルーツを日本に輸出する会社で，工場はカイロから50km離れるところに位置していた。この仕事は単身赴任で，家族はミャンマーに住んでいた。この会社には3年間勤務した。

43歳の時，家族と一緒に住みたいと考え，ミャンマーに移り住み，日本料理店を開業し，現在に至っている。

初職でのメンターについては，パラオの日航ホテル時代の3番目のジェネラルマネージャーである。

現在のメンターは，1人いる。その人は，日本の大企業のミャンマーに駐在する社長であったが，現在は定年退職し，帰国した。年齢は12歳上，家族ぐるみの付き合いをしている。

仕事上のネットワークは，駐在員，お店に来る常連客，ゴルフ，テニス，麻雀仲間，NGOなどいろいろなレベルの客である。

私生活でのネットワークは，①Facebookを通じた大学時代の友人，昔の友人とのネットワーク，②子供の学校関係のネットワーク。

職務満足についての質問に対しては，仕事中心の生活，仕事が楽しく，9割は仕事，1割は家族。土曜日はファミリーデーで，家族のために使う，と答えた。日本での勤務経験はない。キャリアアンカーは「一期一会」(その時，その時の出会いを大切にしている)，「Never give up」である。

所得に対しては，多ければ多いほどいいと答えた。しかし，最低，子供の教育と家族を食べさせることが必要である。家族を守ることができれば，他のことにチャレンジしたいと述べた。

開業資金は1500万円で，親から200万円を借り，残りの1300万円は自己資金。自己資金の内の1000万円はミャンマーに勤務時とエジプト勤務時に貯めた，と答えた。起業に際し，事前に相談したのは，妻と両親である。若い時の経験は現在の仕事に役立っていると答えた。

懸案事項は，①良質のスタッフを確保すること，②自分がいなくても店が回転する状態にしたいこと，③5年以内に他のビジネスにチャレンジしたいこと。満足度に関する5点評価の質問には，仕事満足度は3，生活満足度は4，総合満足度は4と回答した。

岩谷裕一さんのキャリアパス

19	一浪後，専修大学商学部入学。在学中にアメリカに短期語学留学。ワーキング・ホリデーでニュージーランドに滞在。その間にオーストラリア，ニュージーランド，フィジー諸島を旅行
24	オーストラリアに語学留学
25	国内旅行の添乗員
26	パラオ島，日航ホテルのセールスマネージャー
33	ミャンマー，日航ホテルのホールマネージャー
34	ミャンマー，シャングリラホテルのセールスマネージャー
36	日本企業のミヤンマー支店，営業部長
40	日本企業にスカウトされ，日本企業のエジプト駐在員
43	ミャンマー，ヤンゴンに日本料理店「鎌倉マリーナ」を創業
現在	事業を拡大中

ケース3のキャリアパスに関する質問

1. 岩谷さんは大学時代に短期留学，ワーキング・ホリデーを経験しました。これらの海外経験から，どんなことを学んだと思いますか？
2. ワーキング・ホリデーに参加するためには，どのような手続きが必要ですか？
3. 岩谷さんはなぜ，パラオ島のホテルで働くことを決意したのでしょうか？
4. 岩谷さんはなぜ，ミャンマーで日本料理店を開業したと思いますか？　顧客はどのような人たちであると思いますか？
5. 岩谷さんのキャリアアンカー（座右の銘）は「一期一会」と「Never Give Up」です。岩谷さんが2つのキャリアアンカーを大切にしている理由を，岩谷さんになったつもりで説明してください。

Section C：学習を深めるタスクにチャレンジしよう！

次の事柄についてレポートを作成しよう

Googleなどの検索エンジンを使いミャンマーで実際に事業展開をしている日本企業，あるいは多国籍企業１社を調べてください。そのうえで，ミャンマーでどのようなビジネスに従事することができるかレポートにして提出してください。

【参考文献】

板坂真季（2018）『はじめてのミャンマー』東京ニュース通信社。
春日孝行（2020）『黒悪魔がひそむ国ミャンマー政治の舞台裏』河出書房新社。
椎名誠（2006）『秘密のミャンマー』小学館文庫。
シャープ，ジーン（2012）『独立体制から民主主義へ―権力に対抗するための教科書』ちくま学芸文庫。
地球の歩き方編集室編（2020）『地球の歩き方 ミャンマー（ビルマ）』地球の歩き方。
西澤卓（2014）『ミャンマー仏教―出家・迷走・学問・聖者たち』（ディスカバーebook選書）Kindle版。
根本敬（2014）『物語 ビルマの歴史』中公新書。
根本敬（2019）『飛び立つミャンマー』（オンデマンド）フジ参詣ビジネスアイ。
福森哲也・他（2012）『ミャンマー・カンボジア・ラオスのことがマンガで3時間でわかる本』明日香出版社。

第10章

キャリア計画：自分の人生をデザインする

皆さんの前にはさまざまな人生が用意されています。この第10章から第12章では，みなさんが第3章から第9章までに学んだ東南アジアで起業している経営者たちのケースを振り返りながら自分のキャリア（職業生活）デザインの学習を行います。この章の最後の演習問題のタスクに取り組み，自分の興味・関心を明確にしましょう。

1．ライフステージを考えよう

皆さんは大学を卒業する前に最初の職業選択を行いますが，その際に自分の人生で大切にしたい事柄について考えてほしい事柄があります。

アメリカ人研究者のスーパー（D. H. Super）は1986年にライフステージ論を提唱し，人生を5つの発展段階（成長段階，探索段階，確立段階，維持段階，下向段階）に分けました。スーパーは自己認識の重要性を強調し，自己認識とキャリア開発の重要性について示し，個人のキャリアと成長は相互にプラスの影響を与えると述べました。ライフステージ論の各段階は次のように要約できます。

●成長段階（誕生から15歳）

人生の最初の時期に，子どもは対応能力の習得や自身の興味への探求，社会化を試み，働くことへの一般的理解を形成します。生物的な身体成長が進み，学校生活，他者との同一化・差異化を通し，「自己概念」が形成される段階である。この時期に自分は何が好きか，何が得意か，他者とどう違うかを確認しながら自己の興味や能力を探求する。

図表10-1　スーパーのライフステージ論

段階	時期	職業的発達課題
成長段階	0～15歳	自分がどういう人間であるかということを知る。職業的世界に対する積極的な態度を養い，また働くことについての意味を深める
探索段階	16～25歳	職業についての希望を形作り，実践を始める。実践を通じて，現在の職業が自分の生涯にわたるものになるかどうかを考える
確立段階	26～45歳	職業への方向付けを確定し，その職業での自己の確立を図る
維持段階	46～65歳	達成した地位やその有利性を保持する
下向段階	60歳以降	諸活動の減退，退職，セカンドライフを楽しむ

出所：『厚生労働省労働研修所 2002 職業指導の理論と実際』より作成。

●探索段階（16～25歳）

模索しながら実践に向かおうとする試行期間である。探索期の若者は「暫定的な職業活動」を通じて，その分野でキャリアを積むか，転職して方向転換をするかを判断する。

●確立段階（26～45歳）

探索期での試行錯誤を経て特定の職業活動を選択し，当該職業の実績を積み，責任を果たすことで自己の職業上の地位，能力，専門性を高める。

●維持段階（46～65歳）

長期的な調整を行いつつキャリア開発を行い，イノベーションを図る時期である。この時期の人びとは，すでに獲得した職業，地位などを維持するために努力し，自らの職務能力の向上に努める。この期に新しい挑戦を行うことがあるが，通常は大きな挑戦を行わない。

●下向段階（65歳以降）

人生最後の時期であり，労働市場から撤退する時期である。退職後の計画を立て，実際に退職後の生活を経験する。職務においてエネルギーは年齢とともに減退し，人びとは活動の領域を狭め退職後の生活に集中する。退職後のボランティア活動，趣味，レジャーを実践するなど新しい生活に移行する。

2．働く自分をイメージしよう

米国の組織心理学者のシャイン（Edger Shein）は『キャリア・ダイナミックス』（1991，143 ページ）の中で，キャリアという言葉を「人生を通じての職業経験であり，人生を通じた生き方の表し方である」，と定義しています。

シャインは職業生活を通じて自己のイメージを発展させる構成要素として，つぎの 5 つを挙げました。

⑴　自立性／独立

⑵　安全／安定

⑶　技術レベルでの能力

⑷　一般的管理能力

⑸　起業創造性

シャインはさらに 1980 年代の研究から，⑹問題解決に向けての能力，⑺純粋な動機に基づく挑戦，⑻生き方の 3 つの構成要素を追加し，自己イメージの構成要素は上記 8 つから構成される，としました。

自分は人生のどの段階でどのような自分になっていたいかイメージしてみると自分の将来をより具体的に考えることができます。

3．10 代から 20 代中盤は人生の探索期

皆さんは本書の第3章から第9章に紹介したインタビュー記録の学習を通じ，大学時代の経験がその後のキャリア（職業人生）に大きな影響を与えていることに気づかれたと思います。学生時代は自己の可能性を探り，卒業後の自己のキャリアデザインを描く時期です。

学生時代に将来のキャリア計画について考えることは，その後の人生を考えるうえで非常に重要です。将来設計，自己のキャリアデザイン，キャリアアンカー，人生の進むべき方向を見つける時期なのです。加えて，社会に出る前の

準備としてインターンシップや海外経験，短期留学制度などを通じ，日本以外の国で働く経験，他者とのコミュニケーションの取り方，組織内でのふるまい方などを積極的に学習する時期でもあるのです。

4．起業家の特性や資質とは？

この節では東南アジアで働く起業家たちへのインタビューから導き出された起業家の特性や資質を整理してみましょう。海外で起業している日本人の特性を7つに分けました。

(1)　男性，女性による相違点―開業開始年齢・開業資金

男性起業家の多くは，20代という若い時期に起業していました。男性で20代に起業する場合，自分の貯蓄に加え家族や投資家（後述）から開業資金を獲得し起業しています。一方，女性の場合は起業することを職業生活の初期に考えていなかった人が多く，年齢や経験を重ねた後に海外で起業することを決心していました。女性の多くは男性と比べ遅く起業していることから，起業を決断した時にはすでに開業資金を蓄えており，自己資金の範囲で会社を設立していました。さらに，女性は起業を決断する時には家族に相談することなく，自分で決めていました。

(2)　共通する柔軟性

男性・女性を問わず，海外で働く人たちに共通していたのは，柔軟な対応力を持っていることでした。調査協力者のほぼ全員が職業人生の中でさまざまな調整を行っています。彼らの考え方には柔軟性があり，ビジネスにおいても柔軟性が活かされていました。

第4章のタイと第7章のカンボジアで起業している起業家たちを例に考えてみましょう。バンコクでタイ古式スパ・マッサージ店を経営している上野圭司さんは当初東京で居酒屋を開業しようと考えましたが，経済発展を続けているタイのバンコクで日本のランチを提供するレストランを開業しました。その後，さまざまな経緯を経て，現在はタイ古式スパ・マッサージ店の経営を事業

の柱に据えています。

バンコクで市場調査の会社を経営する阿部さんは，ニッチ分野の事業に活動の場を広げていますが，事業がすべて順風満帆であったわけではありません。事業が思い通りにならなかった時には心を切り替え，他の事業分野に方向転換していました。

自分の生活を管理できなかった栗原さんは30歳を過ぎてからタイのバンコクに移り毎日午前３時に起床する生活習慣に変えた後，日本の健康によい商品をバンコクで販売する会社を設立し成功を収めています。

本書には登場していませんが日本で働いていた時，通勤に片道１時間半を費やし，ワーク・ライフ・バランスは極めて低かったことから，生活環境を変えるために海外で働くことを決意した女性もいました。

これらの事例から，海外で起業している人々の多くは柔軟な思考力を持っていることがわかります。これらの人々は必要に応じて事業分野や働き方を修正しています。柔軟性は，海外で働く日本人が事業で成功するために不可欠な要素であり，事業拡大の推進力となります。

⑶　人生の探索期での海外経験

本書に登場した人たちは，男性女性ともに，人生の探索期に，海外経験あるいは海外との出会いを経験していました。第４章に登場した上野さんは大学時代にバックパッカーとして東南アジアを旅行し，東南アジアに親近感を持っていました。第９章，ミャンマーでレンタカー会社を経営する芳賀さんや日本料理店を経営する岩谷さんは大学時代に海外で長期留学を経験しています。これらは一過性の経験ですが，人生の探索期に行われており，東南アジアでの起業を決意する強い動機づけになっています。

⑷　動機付け

海外で働く動機はさまざまありますが，整理すると次の４つのグループに分けることができます。

ｉ．第１のグループは，日本でよく見る一般的な会社員のようにはなりたくないと考え海外でキャリアを構築することを決めた人たちです。例としては，日本，タイ，カンボジアの顧客向けにカンボジアでウェブデザインを提供している第8章に登場した奥田さんを挙げることができます。このグループは現地での雇用を創出し，現地の人材育成を担っています。

ii．第2のグループは開発途上国の経済・社会支援を実現させるために海外で働いているグループです。例として，第8章に登場するカンボジアで出会った2人を紹介しましょう。カンボジアで低所得層のカンボジア人に小額を貸付ける会社を設立し，彼らへの事業支援を行っている礒部さんはカンボジア人の所得を増加させるための計画を語ってくれました。カンボジアでお土産屋さんを経営する温井さんは，女性の経済的自立を後押しする目的で土産店を経営すると共に，カンボジアの女性の起業を支援する目的でガールズ・ドリーム・コンテストを主催しています。将来的には，カンボジア女性がスモール・ビジネスを学ぶことができる学校を作りたい，そのモデルを他の開発途上国に移転させたいという夢を語ってくれました。このグループは，ビジネスを通じ低所得の人々の生活を豊かにさせ，社会の経済発展に寄与したいと考えるグループです。

iii．第3のグループは，もともと海外志向ではなかったけれど，何かのきっかけで自国の外で働くことを選択したグループです。例として第4章で，日本での就職活動で第一志望の会社に採用されず，バンコクで日本の著名企業の現地スタッフをして働くという道を選択した阿部さんが挙げられます。

iv．第4のグループは，日本からの逃避として海外で働くことを決意したグループです。本書では紹介していませんが，日本で会社務めをしたけれど長続きしなかったことから，海外の日系中小企業に再就職した人や，日本以外で生活をしたいと考え，海外で夢の実現を試みた人などがいます。

海外で働く動機を4つのグループに分けて説明しましたが，どのグループの人たちも将来に向けてさまざまな夢を持っていました。東南アジアでマーケットリサーチ分野のコンサルタント業を拡大したいという夢。日本と東南アジアを結ぶ架け橋になりたいという夢。アジアに留まらずヨーロッパやアフリカを視野に入れた事業家として成功したいという夢などさまざまです。本書で紹介した人たち，本書では紹介しなかった人たちは，東南アジアでビジネスチャンスにめぐり合い，その多くは事業を成功させています。

⑸　キャリアアンカー，座右の銘

前出の米国の心理学者エドガー・シャイン（Edger H. Schein）はキャリアアンカーを『キャリア・ダイナミックス』の中で「従業員は次第に自己認識を獲得し，より明確な職業上の自己イメージを開発する」（上掲書，143ページ）と述べ，「キャリアアンカー」（職業上の錨（いかり））という言葉を使い，職業上の自己イメージの概念を説明しています。「キャリアアンカー」とは「個人のキャリアのあり方を導き，方向づける錨，キャリアの諸決定を組織化し，決定する自己概念」と定義されています。

キャリアアンカーは米国では広く使われている言葉ですが，日本ではあまり使われていません。それゆえインタビュー実施時に，キャリアアンカー，あるいは日本語に相当する「座右の銘」を尋ねると時間を置かず，自身の「座右の銘」が返ってきました。

「為せば成る　為さねば成らぬ何事も　成らぬは人の為さぬなりけり」，「信頼を得ること，誠実であること」「顧客に対し誠実であること」，「恩を忘れない」，「人生は１回きり。人生の豊かさ，楽しさを実感できる人生を送る」，「ピンチはチャンス。人は思った通りの人になる」，「自然体・調和・シェアリング」，「優先順位が最も重要。この選択を間違えなければ成功する」「周りの人を幸せにできれば自分も幸せになれる」「生活習慣を変えれば人生は変わる」，「やればできる。ほかの人にできていることで自分にできないことはない。やり始めたら周りの人を幸せにしなければならない」などです。

日々の仕事の遂行や，自分で制御することが難しいことの多い海外の環境下でキャリアアンカーを持っていることは，逆境に打ち勝つ強い味方となります。

シャインは「キャリアアンカー」は次の３要素から構成され，人が何年か働きやっと発見されるものであると述べています。

―自覚された才能と能力（さまざまな仕事環境での実際の成功に基づく）
―自覚された動機と欲求（現実での諸機会，および他者からのフィードバックに基づく）
―自覚された態度と価値（自己と，勤務組織，職場環境の規範および価値と

図表 10-2　キャリアアンカー・座右の銘の構成要素

キャリアアンカーの構成要素	キャリアアンカー，座右の銘
①　自覚された才能と能力	該当なし
②　自覚された動機と欲求	為せば成る 為さねば成らぬ何事も 成らぬは人の為さぬなりけり
	自ら機会を創り出し，機械によって自らを変えよ
	人生は1回きり。人生の豊かさ，楽しさを実感できる人生を送る
	「優先順位」が一番重要で，この選択を間違わなければ成功する
	磨斧作針
	困難は乗り越えられる人にだけ与えられる
③　自覚された態度と価値	諸行無常
	信頼を得ること，誠実であること
	小さな信頼の積み重ねが大きなビジネスになる
	恩を忘れない
	自然体・調和・シェアリング
	ピンチはチャンス。人は思った通りの人になる
	習慣は生活を変える
	独立自尊の上で滅私奉公する
	常に笑顔
	芯はぶれないこと
	働くことを楽しむこと
	苦しい時はお客様が救ってくれる
	一期一会

の実際の衝突に基づく）

本書に紹介したキャリアアンカーを整理すると図表10-2のように分類できます。この図表から分かることは，自分が特別の才能や能力があると考えている人は一人もいないということです。起業家として成功を収めている人は，自分が才能，能力を持っているというよりは，自分の動機，欲求，価値，態度などの自己哲学を重要視していることがわかります。

(6)　メンターの重要性

職業経験が短い時期に人はどういう選択，決断をすればよいかわからないものです。メンターはキャリア形成期での良き指導者，助言者を意味します。メンターはキャリア形成や生活上の悩みを受けながら育成に当たる人生の先輩であり，信頼を置ける人であるということもできます。

本書に紹介した人たちの多くはメンターを持っていました。メンターが一人の場合もありますが，メンターを複数人持っている人もいました。大きな決断を行う時，メンターから助言を受け，最終的には自分自身で決断しています。メンターを持つことは，事業リスクを減らすことができると言い換えることもできます。

⑺　家族からの支援

家族からの支援は，海外で働くうえでの重要な促進要因です。仕事を遂行するなかで，家族からの支援は大きな力になります。たとえばバンコクの阿部さんの父親は中国でエンジニアとしての勤務経験があり，息子が日本の企業で働く代わりにバンコクで日本の著名企業の現地スタッフとして働くことを後押ししました。バンコクで日本の健康に良い商品を販売している栗原さんは，東日本大震災を機に家族をバンコクに呼び寄せています。家族がそばにいて支えてくれることは事業を推進するうえで心強いものです。

本書の第３章から第９章を振り返ると男性，女性間での相違点は開業開始年齢，開業資金のみでした。それゆえ，上記の特徴は海外で働く上での促進要因（push factors）と考えることができます。海外で起業している人たちは多くの促進要因を持ち，抑制要因（pull factors）は少ないということがわかります。言葉を変えれば，促進要因を多く持つ人ほど海外での起業に成功していると言い換えることができます。

5．キャリア計画

将来，海外で活躍したい，組織に頼らず自律的に生きたいと考える場合，キャリア計画を早めに立て，大学時代に職業として志望する分野を明確にし，就職した後も自己のキャリア形成に積極的であることが重要です。外国人と対等に仕事をするためには，語学力や専門分野の知識だけでなく，異文化コミュニケーション能力なども習得しなければなりません。そのためには，学生時代から将来の職業生活に向けて効果的な準備が必要になります。次に留意点を挙げます。

第 1 は自分の職業人生において，どの分野・どの職種で働きたいかを明確にすることです。まず，関連書籍を読んだり，志望する専門分野で働いている人に会って話を聞いたり，将来の専門分野をある程度明確にする必要があります。

第 2 は語学能力を測定することです。多くの起業家は日本での職務経験が有益であると述べています。大企業の多くは新入社員の語学能力を測定するために，入社後に TOEIC の試験を課しています。また，海外の大学院に進学するためには，留学する国によって米国であれば TOEFL（iBT），英国であれば IELTS のスコアを提出することが要求されます。仕事で海外との業務がある場合には英語での文書作成が求められます。日頃からニューヨーク・タイムズ紙（*The New York Times*），インターナショナル・ヘラルド・トリビューン紙（*The International Herald Tribune*）等の英字新聞やウェブ上の英文サイトに親しみ，読解力を強化することを勧めます。

第 3 はアジアの新興国で滞在経験を持つことです。学生時代に新興国・開発途上国に滞在した経験はその後の職業生活の選択肢を増やします。

第 4 は海外のインターンシップに参加することです。企業の規模を問わず，大学生・大学院生を対象にインターンシップ・プログラムが広く提供されています。自分が志望する分野の企業でインターンシップを経験することは将来のキャリアデザインを描くことを容易にさせます。

第 5 はパソコンの操作技能を高めることです。海外で仕事をする場合，職場では高度なパソコンの操作技能を要求されます。それゆえ学生時代からパソコンの操作技能の習得は必須です。

6．まとめ

この章では，皆さんの前に広がっている将来や職業生活を具体化する学習を行いました。

自分が過ごしたい人生をしっかり考えましょう。

演習問題

【タスク1】「自己アピール」を文章にしてみましょう。友人，家族やゼミの先生に自分の長所や強みを尋ね，そのうえで，「自己アピール」を作成してください。

【タスク2】あなたのキャリアアンカー（座右の銘）を教えてください。キャリアアンカーを持っていない人は図表10-2を参考にして考えてください。また，あなたのメンターはどのような人ですか？

【タスク3】図表10-3「人生の意思決定の木（Decision Tree）」は皆さんが将来出会うであろう様々な状況を示しています。あなたがそれぞれの状況に直面した時，あなたがどのような選択を行うか考え，最も志望する道とその理由を文章にしてください。

図表10-3　人生の意思決定の木（Decision Tree）

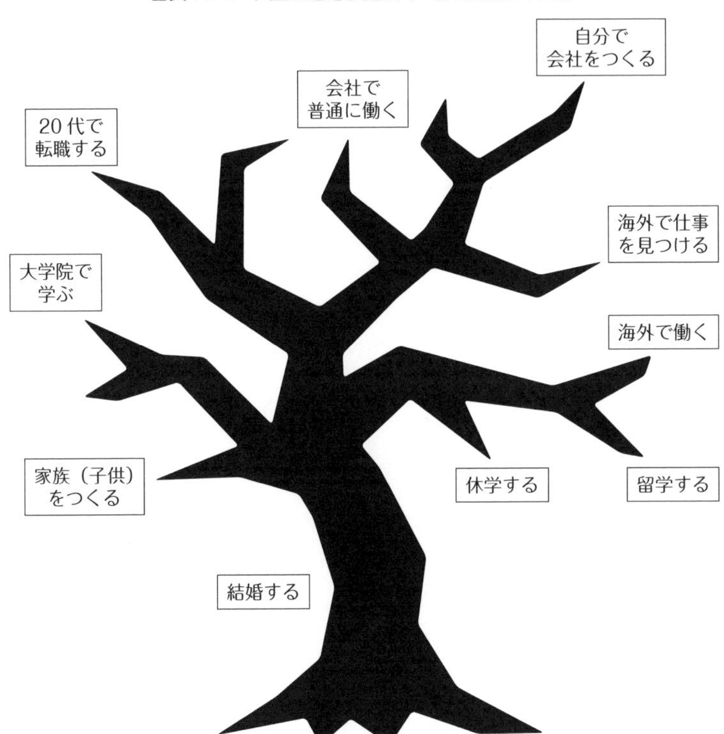

【参考文献】

甘粕正（2007）『客家大富豪18の金言』講談社。

クレイソン，G. S.（2021）『バビロン大富豪の教え』文響社。

末永國紀（2011）『近江商人三方よし経営に学ぶ』ミネルヴァ書房。

林吉郎（1994）『異文化インターフェイス経営』日本経済新聞社。

第11章
起業準備

この章では，東南アジアで起業する前に考えておく事項・留意事項を学習します。この章で学習する事項は，将来の起業目的だけでなく，自律的に自分の人生を送りたいと考える人たちにも役立ちます。

1．働きたい国の情報を入手：ネットワーキング

将来は海外で会社を経営したい，けれども，どうすれば海外で会社を設立できるかわからない，と考える人があるかもしれません。現地に赴き，会社を経営している人に直接話を聞く方法もありますが，本書では，日本にいながら海外で会社を設立する方法を紹介します。

みなさんは「華僑」という言葉を知っていますか？「華僑」は中国の国籍を保持したまま海外に移住している中国人，およびその子孫を意味します。多くの華僑が東南アジアで事業活動を展開しています。では，「WAOJE（World Association of Overseas Japanese Entrepreneurs）」（https://waoje.net/）はどうでしょう。「WAOJE」は海外に拠点を置き活躍する日本人起業家のネットワークです。各国に設立されているWAOJEの交流は密で，海外で起業をめざす日本人を支援しています。海外で起業している会社の情報や取り組みを受け取ることができます。

「WAOJE」の会員企業は大学生にインターンシップ（https://waoje.net/internship）の機会を提供しています。ぜひ，インターンシップのサイトにアクセスしてみましょう。日本国内にいながら関心のある国，働いてみたい国の情報を入手しましょう。

また，香港，タイのバンコク，カンボジアのプノンペン，ミャンマーのヤン

ゴンなどアジアの主要都市では日本語のフリーペーパーやネットフリーペーパーが発行されています。フリーペーパーの発行者から会社設立に関する情報を入手することもできます。

2．国ごとに異なる制約

アジアの国々は外国人の投資についてそれぞれ独自の法律を設けています。たとえば，カンボジア，ベトナム，インドネシア，フィリピンなど多くのアジアの国では外国人が土地を所有することを禁止しています。国によっては，自国人のみしか会社を設立できない国もあります。各国の法人税や法人税率，輸入関税の免除の有無，価格や為替，貿易についての制限も国によって異なります。東南アジアで起業したいと考える人は，進出したい国の法律をよく調べる必要があります。

3．PESTLE（ペストル）分析（起業する国の選択・分析）

ビジネスを取りまくマクロ環境を分析するツールとしてPESTLE分析が知られています。PESTLE分析は起業を希望する国のマクロ環境を下記の6つの視点から分析し，ビジネス判断の際に考慮すべき要素を可視化させる分析方法です。PESTLEはPolitical（政治的），Economic（経済的），Sociological（社会的），Technological（技術的），Legal（法律的），Environmental（環境的）要因の頭文字を取ったもので，経営戦略論のマクロ分析に使われています。

PESTLE分析はマーケティング研究者のコトラーが20年以上前に提唱した分析手法で，当時はPESTの4分野にわけていましたが，現在は社会環境が複雑化したことから，PEST分析に，Legal（法律的），Environmental（環境的）の2要因を加え，PESTLE分析として広く使われるようになりました。

みなさんは本章の【演習問題】，【タスク2】で，東南アジア7カ国の中で，どの国で事業を展開することが最適かという課題に取り組みましょう。東南アジアの7カ国を上記の6つの項目に分けて比較すると各国の強み，弱み，将来性が見えてきます。加えて，本章の【演習問題】，【タスク3】で起業したい事業内容を分析するSWOT分析を行いましょう。

PESTLE分析の6要因を簡潔に説明します。

Political（政治的）

政治的環境の変化がビジネスに与える影響は非常に大きいものです。分かりやすい例として第9章で学習したミャンマーで2021年にクーデターが起きました。このことによりミャンマーが政治的に不安定であることを指摘できます。

Economic（経済的）

経済的な環境要因も重要です。経済成長率，若年労働者数，賃金の指標になる一人当たりのGDPなどを検討してみよう。第2章，図表2-1で学習した各国の経済成長を振り返りましょう。

Sociological（社会的）

新たな文化の出現や流行の変化，社会にインパクトを与える社会的問題の発生などが社会的要因です。新しい市場を切り開く際，ビジネスモデルが社会的・文化的に受け入れられるかは，新しい市場を開拓する際に重要です。例えば，第5章で学習したインドネシアはイスラム教の国です。インドネシアで新規事業の展開を考える場合，そのビジネスモデルがイスラム社会で受け入れられるか否かについての検討が必要です。

Technological（技術的）

技術革新は常に進行しており，東南アジアではSNSを通じたビジネスが増加しています。東南アジアの国々では皆さんが想像している以上にインターネット関連ビジネスが広がりを見せています。乗り遅れると打撃になる可能性があります。

Legal（法律的）

法的な問題は利益のみならずブランドに大きな影響を与えます。グローバルに事業を行う場合には，各国の法律知識が必要です。

Environmental（環境的）

今日環境的要素の重要性は増加しています。例えば，環境にフレンドリーな商品やブランドは環境意識の高い消費者を引き付けます。商品の素材，パッケージなどが環境に負荷をマイナスの影響を与えていないか考える必要があります。

4．国ごとに異なるビジネスニーズ

本書の第3章から第9章で紹介した国の順番は一人当たりのGDP（USD）が高い順にしました。第3章の中国，特に上海の一人当たりのGDPは中国全体の平均よりもはるかに高く，高度な技術を必要とする事業が展開されています。他方，ベトナム，カンボジア，ミャンマーでは安価な労働力を背景に労働集約型の製造業が中心で，労働者はそれほど高い技能を要求されません。実際，ミャンマーには400社を超える日系企業が工業団地に集積しています。日本の企業は安い労働力を活用する目的で事業進出を行っています。第9章ミャンマーに登場した芳賀さんは出張者の足としてのレンタカー事業に，岩谷さんは駐在員への食生活サポートとしての和食レストランにビジネスニーズを見つけ首都のヤンゴンで起業しています。

5．SWOT分析（新規事業の分析）

皆さんはSWOT分析という言葉を聞いたことがありますか？　経営学部の学生は戦略論，マーケティングの授業でSWOT分析を学習したと思います。ここで復習してみよう。

SWOT分析は自社を取りまく外的環境と自社のブランド，商品価格や品質などをプラス面，マイナス面に分けて分析し，経営資源の最適化を可視化させる分析方法です。

SWOTは事業のStrength（強み），Weakness（弱み），Opportunity（機会），Threat（脅威）の4つの要素の頭文字をつなげたものです。SWOT分析は「スオット分析」と読みます。

ビジネスで戦略や計画を立てる際，SWOT 分析を活用し事業の外部環境と内部環境を分析することにより，新しいビジネス機会を導き出したり，課題を明確にすることができます。

図表 11-1　SWOT 分析の構成要素

	プラス要因	マイナス要因
内部環境	強み S (Strength)	弱み W (Weakness)
外部環境	機会 O (Opportunity)	脅威 T (Threat)

SWOT 分析を行う際，1) 目的を明確にすること，2) 前提条件を整理すること，3) メリットとデメリットを理解すること，が重要です。

では SWOT 分析の外部環境分析［O・T］を行ってみよう。

外部環境は，市場や社会の情勢が該当します。業界や分析対象によって多少変わる可能性もありますが，下記に一般的ないくつかの項目を紹介します。

✓　市場規模や成長性

✓　競合の状況

✓　景気や経済状況

✓　政治の状況

✓　法律

次に内部環境分析［S・W］を行ってみましょう。内部環境分析は内部環境の「S：強み」,「W：弱み」を分析します。一般的ないくつかの項目を紹介します。

✓　認知度やブランド力

✓　インフラ

✓　価格や品質

✓　資源

✓　立地

✓　サービス

✓　技術力

次にここまででSWOT分析の項目は埋まったと思います。次に実際の計画に落とし込むために，4項目を掛け合わせ，分析を行います。

	Strength（強み）	Weakness（弱み）
Opportunity（機会）	機会×強み 自社の強みを機会に生かし 大きく成長する	機会×弱み 弱みを補強して 機会を生かせるように対策する
Threat（脅威）	脅威×強み 強みを活かし脅威を避けたり 機会として活かす	脅威×弱み 弱みを理解したり脅威を避けたり 影響を最小限にする

この科目では厳密なSWOT分析を求めませんが，皆さんが計画する事業の弱みを理解し，脅威による影響を避ける，もしくは最小限にするためにどうしたら良いか考えましょう。また，自社事業の強みを使って，機会を活かすためにはどうするかを考えてみましょう。会社や事業の成長を目指す時に「機会×強み」を考えてみると良いでしょう。

6．開業資金

起業する場合にはまとまった金額の開業資金が必要です。東南アジアで自らの会社を設立している人たちはどのように開業資金を準備しているのでしょうか。

20代で起業している男性の場合は，開業資金の一部を投資家から入手しているケースが多く見られました。本書に登場した何人かは20代後半という人生の早期の確立期に起業しています。彼らは自己資金だけでは会社を設立できないため，投資家から開業資金の一部を調達していました。人によっては自己資金に加え，親から資金の一部を提供してもらっています。一方，多くの女性の場合は，前述しましたが30代後半から40代にかけて起業していました。そのため，開業を決意した時にはすでに十分な蓄えを持っていました。

東南アジアで起業した人たちは，株式会社を設立することは比較的簡単であると述べています。実際に彼らは20代半ばと年齢が若いにもかかわらず，投資家に資金を仰ぎ株式会社を設立していました。国や業種にもよりますが，株式会社を開業するためには，日本円で500万円から，600万円の資金は必要でしょう。現在はクラウドファンディングを活用する起業家もいます。国ごとにさまざまな開業方法があると思いますが，若いという理由で起業を躊躇することはありません。

海外では起業志願者と投資家との間を繋ぐネットワークが存在します。その国に住んでいると，投資家についての情報をいろいろ得られます。

7．投資家との関係

アジア各国でインタビュー調査を行った際，多くの起業家が投資家との間に生じた問題について話をしてくれました。例えば，日本人起業家が事業の拡大を優先させたいと考えても，51%以上の株式を取得している株主が配当を優先させたいと考える場合，起業家はその株主の意見に従わざるを得ず，起業家と投資家が対立することになります。

本書に登場した経営者の中には，投資家から株式を高額で買い取った人，株式を投資家に譲渡した後に新しい事業に着手した人などがいました。ある起業家は，投資家との問題を起こさないように，60%の自己株式比率で起業しました。投資家からの資金を使って会社を設立する場合，条件について十分話し合い，周囲からアドバイスを受けた後に，パートナーシップを結ぶことが必要です。

8．生活と収入―日本と異なる貨幣価値

貨幣価値は日本と，例えばカンボジアやタイなどの国とでは異なります。そのため，単純に収入が少なくなったと決めつけることはできません。住居費は国や，住む地区によって大きく異なり一般化できませんが，現地の食べ物を中心に生活するのであれば，生活費はそれほどかかりません。

9. 高い満足度

筆者はインタビュー調査を通じ，現在の生活に不満を述べた人にほとんど会いませんでした。日本円に換算すると現在の所得は低いけれど，自分の裁量により事業規模を拡大できるので，現在の収入に不満はないという人が多くみられました。また，受け取る金額は多ければ多いほどよいけれど，仕事からの満足の方が金銭的満足よりも大きいと答えた人が多くいました。事業を大きくするという夢を持つ起業家ならではの回答です。

医療設備に関しては，香港ではイギリス統治時代の医療制度が定着しており，非常に高い医療を低額で受けられるという回答がありました。バンコクでは，日本語で対応してくれる総合病院がいくつかあり，カンボジア・プノンペンでは日本人医師が常駐する病院が開業しています。

学校に関しては，東南アジア諸国のほぼすべての首都に全日制の日本語学校（小・中学校）があります。例えば，ミャンマーのヤンゴンには全日制の日本語学校（小・中学校）があります。また，人によっては，子供を日本の全寮制の学校に入れている人もいます。したがって，本書で紹介した国々での生活や子供の教育に関しては，それほど心配する必要はないといえます。

10. 留意事項

本書に登場した日本人起業家は成功者であり，彼らは日本の同年代の会社員と比べ高い満足度を得ています。しかしながら，本書には登場していませんが，海外で働く日本人が皆，成功しているわけではありません。なかには「自分は日本にいる大学時代の同期と比べると給与は低い」と不満を述べた人，また現状からの逃避として海外で働くことを決めたと語った人もいました。海外で起業する選択をしたとして，誰もが成功するとは限らない，ということに留意する必要があります。

11．これからのアジア―共存共栄

世界の国々の構図は2030年ころには大きく様変わりするといわれています。日本を含む西欧先進諸国では高齢化の速度が加速しています。一方，新興国と呼ばれる国々，特に東南アジアの国々の経済は引き続きめざましい発展を続けています。日本の大企業は将来の日本・世界の社会構造の変化を見据え，アジア市場の開拓や拡大に力を入れています。しかし，日本企業で海外市場を担う人材を意識して採用し，育成している企業は多くありません。学生の方も自分が将来，海外で勤務するという意識をあまり持っていません。

新興国における人材育成は，現地で事業を展開する経営者にとっても大きな課題です。日本では，特に大企業では社員にきめ細かく教育を行っていますが，新興国で日本人ビジネスマンと同程度に高度に教育された人材を見つけることはきわめて難しいのが現状です。そう考えると，現地の経営者は，現地の人材市場の状況に見合った人材を採用し，育成しなければなりません。

また，事業展開で忘れてはいけないのは，現地の嗜好を受け入れた商品開発を行い，現地の文化・習慣に柔軟に対応することです。

今後日本人がアジアという市場で勝負してゆく際，忘れてはいけないのは，利益追求だけではなく，現地社会との調和ある発展を目指さなければならないことです。言葉を替えれば，共存共栄です。またアジアと一口で言っても，民族，宗教，習慣などが大きく異なります。アジアで働くことを考えるのであれば，日本にいるときから各国の商慣習，規制などを学習しておく必要があります。

最後に，アジアは皆さんが思っているより近く，親しみやすい場所です。航空運賃もそれほど高くはありません。まだアジア，東南アジアを訪ねたことがなければ，是非アジアのどこかの国を訪問してください。新たな出会いがあることを確信します。

12. まとめ

この章では第 10 章で学習したキャリア計画をもう一歩進め，起業するための準備や留意事項について学習しました。演習問題では今までの学習を振り返る目的も兼ね，PESTLE 分析，SWOT 分析にチャレンジしてください。

演習問題

【タスク 1】 第 3 章から第 9 章で学習した国，ケースの中で最も興味を覚えた起業家，東南アジアの国を教えてください。また，その理由も簡潔に説明してください。

【タスク 2】 【タスク 1】で選択した国の PESTLE 分析を行い，その国の持つ強み，弱み，将来性を分析してください。

PESTLE 分析

選択した国名：

Political（政治的）要因	
Economic（経済的）要因	
Sociological（社会的）要因	
Technological（技術的）要因	
Legal（法律的）要因	
Environmental（環境的）要因	

【タスク3】【タスク2】で選択した国でどのような事業を創業するのが最適か考え，SWOT 分析を行ってください。

事業計画名	
事業の概要	
機会×強み	
機会×弱み	
脅威×強み	
脅威×弱み	

第12章
起業計画書の作成：レポート作成

さて，本書では第1章から第11章まで東南アジアで起業するための準備を学習してきました。第12章では今までの学習の集大成です。みなさんは第3章から第9章で学習した東南アジアの7カ国の中からひとつの国を選び，その国で起業するための起業計画書を作成しましょう。

【タスク1】 起業計画書の作成準備を行いましょう。起業したい国，起業したい事業内容を明確にし，ダウンロードしたセルに記述してください。夢を描きながらセルを埋めてゆきましょう。

<table>
<tr><th colspan="2">起業計画書</th></tr>
<tr><td rowspan="15">
http://www.bunshin-do.co.jp/catalogue/book5144.html</td><td>氏名</td></tr>
<tr><td>進出予定国</td></tr>
<tr><td>会社名</td></tr>
<tr><td>事業要旨</td></tr>
<tr><td>問題の所在</td></tr>
<tr><td>問題の解決方法</td></tr>
<tr><td>将来性</td></tr>
<tr><td>事業目的（〜をこうしたいと1〜2行で完結に表現すること）</td></tr>
<tr><td>ターゲットグループ</td></tr>
<tr><td>競合相手</td></tr>
<tr><td>進出国のPESTLE分析（政治的，経済的，社会的，技術的，法的，環境上の問題）
【第11章演習問題】</td></tr>
<tr><td>新規事業のSWOT分析（機会×強み，機会×弱み，脅威×強み，脅威×弱み）
【第11章演習問題】</td></tr>
<tr><td>マーケティング（商品・サービスを消費者に届ける方法）</td></tr>
<tr><td>必要資金と調達方法</td></tr>
<tr><td>事業開始年とスケジュール</td></tr>
</table>

【タスク2】【タスク１】を参考にし，東南アジアにあるひとつの国で新規事業を始めるための計画書を作成しましょう。レイアウトや体裁は学生が工夫してください。

起業計画書
提案者（学生氏名，学生番号）：
会社名：
事業実施予定国：
事業要旨：
現状分析（問題の所在，解決方法，ターゲットグループ）：
将来性：
選択国の PESTLE 分析（第 11 章演習問題，【タスク２】）：
事業の SWOT 分析（第 11 章演習問題），【タスク３】）：
必要資金および調達方法：
事業開始年：
スケジュール：
その他の留意事項：

準備は整いました。起業計画書を完成させましょう。創意工夫をし，起業計画を作成し，将来，起業が実現することを期待しています。Good luck !

おわりに

社会では明確な解のない状況の中でデータを収集し，検討を重ね，その時に最適と考えられる決定を行わなければならない。考える力を養い，問題解決能力を身につけることを目的に，学生や社会人が東南アジア7カ国で事業展開している起業家へのインタビュー記録を学習し，起業計画書を作成することを本書の柱に置いた。著者が2014年から2019年にインタビューを行った協力者の内20名の起業家の協力を得て，この度本書を出版することができた。改めて協力者にお礼を申し上げたい。

また，グローバル時代への対応を見据え，英語版*Japanese Entrepreneurship in Southeast Asia: Learning from Cases*がオンデマンド方式で出版されることをお知らせする。

執筆はコロナ禍の真っただ中に行った。インタビュー協力者がコロナ禍という大きな危機にどのように対処しているか調べたいと考え，出版直前にコロナ禍が東南アジア諸国での事業および生活に与えた影響についてアンケート調査を実施した。回答者は全員，事業展開国内での行動制限の中で事業を継続していた。回答者の50%は事業規模を縮小，20%は事業規模を拡大，20%は変化なし，10%は異業種に転換していた。

東南アジアで事業展開している起業家は対応力があることを本書で指摘した。実際，回答者の多くは，日本を対象としていた事業の柱を事業展開国のローカルマーケットにシフトし，事業の構造転換を図っていた。企業によっては，融資の審査を対面からオンラインに移行したり，取引先の工場の家賃を支援するためにクラウドファンディングを活用したりしていた。回答者からは「長い人生のうちに一度や二度はこうした危機は訪れるもの。こうした時に最後まで残るのがホンモノの起業家である」，「コロナ禍が収束したらチャンスが到来する」など力強いメッセージが送られてきた。大変心強い。

最後に，皆さんが自分の人生を生き抜くうえで本書を役立てることができれば著者としてこれに勝る喜びはない。

本書の出版に当たり，文眞堂の前野弘太氏，山崎勝徳氏には最初から最後まで大変お世話になった。ここに末筆ながら謝意を表したい。

2021 年 10 月

著　者

著者紹介

横山 和子（よこやま・かずこ）

北海道小樽市出身。北海道大学経済学部経営学科卒業。米国インディアナ州立大学大学院経営管理学修士課程修了（MBA）。京都大学博士（経済学）。ILO などの国際機関に 9 年間勤務。東洋学園大学教授を経て，現在同大大学院非常勤講師，名古屋大学大学院非常勤講師。主要著書に『東南アジアで働く』（ぺりかん社，2017），『国際公務員のキャリアデザイン』（白桃書房，2011），『国際公務員になるためには』（ぺりかん社，2020），*Transnational Entrepreneurship in South East Asia: Japanese Self-Initiated Expatriate Entrepreneurs*（共著 , Springer, 2019）など。

セーラ・ルイーザ・バーチュリ（Sarah Louisa BIRCHLEY）

英国ウェールズ出身。英国エクセター大学生物環境学部地理学科卒業。英国バース大学人文・社会科学部教育学科修士を経て，バース大学博士（教育マネジメント）。現在東洋学園大学現代経営学部教授。主要著書に *Transnational Entrepreneurship in South East Asia: Japanese Self-Initiated Expatriate Entrepreneurs*（共著，Springer, 2019），“Mindset and Social Entrepreneurship: Japanese Self-Initiated Expatriate Entrepreneurs in Cambodia”（共著），*Journal of Entrepreneurship and Innovation in Emerging Economies*, Volume 4, Jan. 2018 など。

BLOG

japaneseworkingoverseas.com

Twitter

twitter.com/EntedJPN

東南アジアで起業する
ケースから学ぶキャリア開発

2021 年 12 月 10 日　第 1 版第 1 刷発行　　検印省略

著　者　横　山　和　子
セーラ・ルイーザ・バーチュリ

発行者　前　野　隆

発行所　株式会社　文　眞　堂
東京都新宿区早稲田鶴巻町 533
電　話 03（3202）8480
FAX 03（3203）2638
http://www.bunshin-do.co.jp/
〒162-0041 振替00120-2-96437

製作・モリモト印刷

定価はカバー裏に表示してあります
ISBN978-4-8309-5144-2　C3034

『東南アジアで起業する――ケースから学ぶキャリア開発――』
英語版のお知らせ

日本語版に加え，英語版 *Japanese Entrepreneurship in Southeast Asia: Learning from Case* がアマゾンからオンデマンド方式で 2022 年春刊行予定です。英語版をご希望の方は小社営業部までお問い合わせいただくか，下記，弊社ホームページをご覧ください。

http://www.bunshin-do.co.jp/catalogue/book5144.html

下記，Google フォームにご連絡先（メールアドレス）をご登録いただくと，英語版の刊行情報をお知らせします。

https://forms.gle/tVpeHhqPRhHJSV727